Dulce Tentación

El Arte de Crear Tartas Exquisitas

Adriana Molina

Contenido

pastel de durazno 14

Pastel de naranja y marsala 15

Tarta de melocotón y pera 16

pastel de piña 17

Tarta de piña y cereza 18

pastel de piña navideño... 19

piña al revés 20

Pastel De Piña Y Nueces... 21

pastel de frambuesa 22

Pastel de ruibarbo.. 23

Pastel de ruibarbo con miel 24

pastel de remolacha 25

Pastel de zanahoria y plátano 26

Tarta de zanahoria y manzana 27

Tarta de zanahoria y canela 28

Tarta de zanahoria y calabacín 29

Pastel De Zanahoria Y Jengibre 30

Pastel de zanahoria y ternera 31

Pastel de zanahoria, naranja y ternera 32

Tarta de zanahoria, piña y coco 33

Tarta de zanahoria y pistacho 34

Tarta de zanahoria y nueces 35

Pastel De Zanahoria Picante 36

Pastel de zanahoria con azúcar moreno 38

Tarta de calabacín y tuétano 39

Tarta de calabacín y naranja 40

Pastel de calabaza y especias 41

Pastel de calabaza 43

El temido pastel de calabaza 44

Rollo de calabaza picante 45

pastel de miel de ruibarbo 47

pastel de camote 48

pastel de almendras italiano 50

Tarta de almendras y café 51

Tarta de almendras y miel 52

Tarta de almendras y limón 53

Pastel De Naranja Y Almendras 54

Rica tarta de almendras 55

Pastel de macarrones suecos 56

pan de coco 57

un pastel de coco 58

pastel de coco dorado 60

Pastel de coco con capas 61

Tarta de coco y limón 62

Pastel de coco para el nuevo año. 63

Pastel de pasas de coco 64

Pastel De Carne Crujiente 65

Pastel de carne mixta 66

pastel de ternera griego 67

Tarta helada de nueces 68

Tarta de nueces con crema de chocolate 69

Tarta de miel y canela 70

Barritas de almendras y miel 71

Crumble de manzana y grosella negra 73

Barritas de albaricoque y avena 74

Papas fritas con albaricoque 75

Barras de plátano y nueces 76

brownies americanos 77

Brownies de chocolate fudge 78

Brownies de nueces y chocolate 79

barras de mantequilla 80

Bandeja de horno con caramelo de cerezas 81

Fuente de horno con trozos de chocolate 82

Capa de crumble de canela 83

Deliciosos palitos de canela 84

barras de coco 85

Barras de sándwich con mermelada de coco 86

Bandeja horneada de dátiles y manzanas 87

Rodajas de dátiles 88

Barras de cotizaciones de la abuela 89

Barras de dátiles y avena 90

Barras de dátiles y nueces 91

palitos de higo 92

Flapjacks 93

flapjacks de cereza 94

galletas de chocolate 95

Tartas de frutas 96

Flaps de frutas y nueces 97

Flapjacks de jengibre 98

flapjacks de nuez 99

Galletas crujientes de mantequilla de limón 100

Baldosas de ante y coco 101

Hola muñecas Dolly 103

Barras de coco y chocolate 104

Cajas de avellanas 105

nueces naranjas 106

el parque 107

Barras de mantequilla de cacahuete 108

Señales de picnic 109

Se sirvieron piña y coco. 110

Pastel de levadura de ciruela 110

Barras de calabaza americana 113

Barritas de membrillo y almendras 114

barras de pasas 116

Cuadritos de avena con frambuesas 117

merengues de canela 118

glaseado glaseado 119

Glaseado de café helado 119

glaseado de limon 120

glaseado de naranja 120

Glaseado de ron congelado 121

Glaseado de vainilla congelado 121

Glaseado de chocolate al horno 122

Relleno de chocolate y coco 122

cobertura de caramelo 124

Relleno de queso crema dulce 124

Esmalte de terciopelo americano 125

glaseado de crema de mantequilla 125

glaseado de caramelo 127

glaseado de limon 127

Glaseado de crema de café y mantequilla 128

Glaseado Lady Baltimore 129

esmalte blanco 130

Glaseado blanco cremoso 130

glaseado blanco esponjoso 132

glaseado marrón 133

Cobertura de vainilla 134

crema de vainilla 135

Relleno de crema pastelera 136

relleno de crema danesa 137

Rico relleno de natillas danesas 138

natilla 139

Relleno de crema de jengibre 140

guarnición de limón 141

Glaseado de chocolate 142

glaseado de pastel de frutas 143

Glaseado de pastel de frutas de naranja 143

Cuadritos de merengue de almendras 144

ángel cae 145

almendras laminadas 146

tartas horneadas 147

Galletas De Mariposa De Chocolate 148

galletas de coco 149

magdalenas dulces 150

granos de café 151

galletas eccles 152

Galletas de hadas 153

Galletas de hadas glaseadas con plumas 154

Fantasías genovesas 155

macarrones con almendras 157

macarrón de coco 158

macarrones de lima 159

macarrones con avena 160

madeleine 161

Tortitas de mazapán 162

magdalenas 163

Magdalenas de manzana 164

Muffins de banana 165

muffins de grosella negra 166

muffins de arándanos 167

muffins de cereza 168

muffins de chocolate 169

muffins de chocolate 170

muffin de canela 171

Muffins de harina de maíz 172

Muffins de higos enteros 173

Muffins de frutas y salvado 174

muffins de avena 175

Muffins de avena y frutas 176

magdalenas de naranja 177

muffins de durazno 178

Muffins de mantequilla de maní 179

muffins de piña 180

muffins de frambuesa 181

Muffins de frambuesa y limón 182

muffins de sultana 183

Muffins en almíbar 184

Muffins de sirope de avena 185

Sándwich de avena 186

Tortilla de fresas y champiñones 187

Galletas de menta 187

galletas de pasas 189

La uva llama 190

Tartas de frambuesa 191

Galletas de arroz integral y girasol..192

torta con frutas secas 193

Galletas brick sin azúcar 194

galletas de azafrán 195

baba de ron...196

Galletas de bolas de bizcocho..198

Galletas De Azúcar De Chocolate 199

bolas de nieve de verano 201

Gotas de hongos 202

merengue basico 203

merengue de almendras...204

Galletas españolas con merengue y almendras 205

Cestas de merengue dulce...206

chips de almendras..207

Merengue español de almendras y limón 208

Merengues cubiertos de chocolate 209

Merengues de chocolate y menta 210

Chips de chocolate y merengues de nueces.................................210

merengue de avellanas...211

Pastel de capas de merengue de nueces......................................212

Lonchas de macarrones con avellanas 214

Capa de merengue y nueces 215

montañas de merengue 217

Merengue con crema de frambuesa 218

galletas de ratafía 219

caramelo vacherin 220

Sándwiches simples 221

Ricos scones de huevo .... **Errore. Il segnalibro non è definito.**

bollos de manzana .... **Errore. Il segnalibro non è definito.**

bollos de manzana y coco .... **Errore. Il segnalibro non è definito.**

Bollos de manzana y dátiles .... **Errore. Il segnalibro non è definito.**

bollos de cebada .... **Errore. Il segnalibro non è definito.**

Bollos de dátiles .... **Errore. Il segnalibro non è definito.**

bollos de hierbas .... **Errore. Il segnalibro non è definito.**

pastel de durazno

Hornear un pastel de 23 cm

100 g/4 oz/½ taza de mantequilla o margarina, ablandada

225 g/8 oz/1 taza de azúcar glas (superfina).

3 huevos, separados

450 g de harina común (universal)

Una pizca de sal

5 ml/1 cucharadita de bicarbonato de sodio (levadura en polvo)

120 ml/½ taza de leche

2/3 taza/8 oz/225 g de mermelada de durazno (enlatada)

Mezclar la mantequilla o margarina y el azúcar. Agrega las yemas poco a poco y luego agrega la harina y la sal. Mezcla el bicarbonato de sodio con la leche y luego mézclalo con la mezcla del pastel, seguido de la gelatina. Batir las claras de huevo cocidas y luego incorporarlas a la mezcla. Vierta la mezcla en dos moldes para hornear de 9 cm/23 cm engrasados y forrados y hornee en un horno precalentado a 180 °C/350 °F/termostato 4 durante 25 minutos hasta que esté bien inflado y elástico al tacto.

Pastel de naranja y marsala

Hornear un pastel de 23 cm

175 g/6 oz/1 taza de pasas (pasas doradas)

120 ml / 4 fl oz / ½ taza de Marsala

6 oz/¾ taza/175 g de mantequilla o margarina, ablandada

100 g/4 oz/½ taza de azúcar moreno dulce

225 g/8 oz/1 taza de azúcar glas (superfina).

3 huevos, ligeramente batidos

ralladura fina de 1 naranja

5 ml/1 cucharadita de agua de azahar

275 g/10 oz/2½ tazas de harina común (para todo uso)

10 ml/2 cucharaditas de bicarbonato de sodio (levadura en polvo)

Una pizca de sal

13 onzas líquidas / 1½ tazas de suero de leche

Glaseado de licor de naranja

Remojar las pasas en Marsala durante la noche.

Mezcle la mantequilla o margarina y el azúcar hasta que esté suave y esponjosa. Agrega los huevos poco a poco y luego agrega la ralladura de naranja y el jugo de naranja. Mezclar la harina, el bicarbonato y la sal alternativamente con la leche. Mezclar las pasas mojadas y el Marsala. Vierta la mezcla en dos moldes para pastel de 23 cm engrasados y forrados y hornee en el horno precalentado a 180°C/termostato 4 durante 35 minutos hasta que esté elástico al tacto y comience a encogerse por los lados de los moldes. Deje enfriar en los moldes durante 10 minutos antes de transferirlo a una rejilla para que se enfríe.

Unte las galletas con la mitad del glaseado de licor de naranja y extienda el resto del glaseado sobre ellas.

Tarta de melocotón y pera

Hornear un pastel de 23 cm

6 oz/¾ taza/175 g de mantequilla o margarina, ablandada

150 g/5 oz/2/3 taza de azúcar granulada (superfina).

2 huevos, ligeramente batidos

75 g de harina integral (trigo).

75 g/3 oz/¾ taza de harina (para todo uso)

10 ml / 2 cucharadas de levadura en polvo

15 ml/1 cucharada de leche

2 duraznos, pelados (sin hueso), pelados y picados

2 peras, peladas, sin corazón y picadas

2 cucharadas / 30 ml de azúcar glas (repostería), tamizada

Mezcle la mantequilla o margarina y el azúcar hasta que esté suave y esponjosa. Agrega los huevos poco a poco, luego agrega la harina y la levadura y agrega la leche para darle una consistencia líquida a la mezcla. Voltear los melocotones y las peras. Vierta la mezcla en un molde para hornear de 9 cm/23 cm engrasado y forrado y hornee en un horno precalentado a 190 °C/375 °F/termostato 5 durante 1 hora hasta que haya subido y esté elástico al tacto. Déjelo enfriar en el molde durante 10 minutos antes de transferirlo a una rejilla para que termine de enfriarse. Espolvorea con azúcar glas antes de servir.

pastel de piña

Hacer una tarta de 20 cm.

100 g/4 oz/½ taza de mantequilla o margarina

350 g de frutos secos (mezcla para pastel de frutas)

225 g/8 oz/1 taza de azúcar moreno dulce

5 ml/1 cucharadita de especias molidas (tarta de manzana)

5 ml/1 cucharadita de bicarbonato de sodio (levadura en polvo)

Lata grande de 425 g de piña triturada sin azúcar, escurrida

225 g de harina con levadura (con levadura)

2 huevos batidos

Coloque todos los ingredientes excepto la harina y los huevos en una cacerola y déjelos hervir suavemente mientras revuelve. Hervir la mezcla constantemente durante 3 minutos y luego dejar enfriar por completo. Agrega la harina y agrega poco a poco los huevos. Verter la mezcla en un molde de 20 cm engrasado y forrado y hornear en horno precalentado a 180°C/termostato 4 durante 1h30-1h30 hasta que esté bien inflado y firme al tacto. Déjalo enfriar en la sartén.

Tarta de piña y cereza

Hacer una tarta de 20 cm.

100 g/4 oz/½ taza de mantequilla o margarina, ablandada

100 g/4 oz/1 taza de azúcar granulada (superfina).

2 huevos batidos

225 g de harina con levadura (con levadura)

2,5 ml/½ cucharadita de levadura en polvo

2,5 ml/½ cucharadita de canela molida

175 g/6 oz/1 taza de pasas (pasas doradas)

25 g de cerezas confitadas

400 g/14 oz/1 lata grande de piña, escurrida y picada

30 ml/2 cucharadas de coñac o ron

Azúcar glas, tamizada, para espolvorear

Mezcle la mantequilla o margarina y el azúcar hasta que esté suave y esponjosa. Agrega los huevos poco a poco y luego agrega la harina, el polvo para hornear y la canela. Mezcle suavemente los ingredientes restantes. Vierte la mezcla en un molde de 20 cm engrasado y forrado y hornea en el horno precalentado a 160°C/termostato 3 durante 1 hora y media hasta que al insertar un palillo en el centro, éste salga limpio. Deje enfriar y luego sirva espolvoreado con azúcar glas.

pastel de piña navideño

Hornear un pastel de 23 cm

2 oz/¼ taza/50 g de mantequilla o margarina

100 g/4 oz/½ taza de azúcar glas (superfina).

1 huevo, ligeramente batido

150 g/5 oz/1¼ tazas de harina con levadura (con levadura)

Una pizca de sal

120 ml/½ taza de leche

Adornar:

100 g de piña fresca o enlatada, rallada gruesa

1 manzana de mesa (de postre), pelada, sin corazón y rallada gruesa

120 ml de zumo de naranja

15 ml / 1 cucharada de jugo de limón

100 g/4 oz/½ taza de azúcar glas (superfina).

5 ml/1 cucharadita de canela molida

Derrita la mantequilla o margarina y mezcle el azúcar y el huevo hasta obtener una mezcla esponjosa. Agrega la harina y la sal alternativamente con la leche hasta obtener una pasta. Vierta la mezcla en un molde para hornear de 9 cm/23 cm engrasado y forrado y hornee en el horno precalentado a 180 °C/termostato 4 durante 25 minutos hasta que esté dorado y elástico.

Hervir todos los ingredientes para el relleno y cocinar por 10 minutos. Vierte sobre el hot cake y hornea hasta que la piña comience a dorarse. Deje enfriar antes de servir frío o caliente.

piña al revés

Hacer una tarta de 20 cm.

6 oz/¾ taza/175 g de mantequilla o margarina, ablandada

175 g de azúcar moreno dulce

400 g/14 oz/1 lata grande de rodajas de piña, escurridas y reservadas el jugo

4 cerezas glaseadas (confitadas), partidas por la mitad

2 huevos

100 g de harina con levadura

Batir 75 g de mantequilla o margarina con 75 g de azúcar hasta que esté suave y esponjoso y esparcir sobre el fondo de un molde desmontable de 20 cm engrasado. Coloque las rodajas de piña encima y espolvoree con cerezas redondeadas hacia abajo. Mezclar el resto de la mantequilla o margarina y el azúcar y añadir poco a poco los huevos. Agrega la harina y 2 cucharadas/30 ml del jugo de piña reservado. Vierte sobre la piña y hornea en horno precalentado a 180°C/350°F/termostato 4 durante 45 minutos hasta que esté firme al tacto. Déjalo enfriar en el molde durante 5 minutos, luego retíralo con cuidado y colócalo sobre una rejilla para que se enfríe.

Pastel De Piña Y Nueces

Hornear un pastel de 23 cm

8 oz/1 taza de mantequilla o margarina, ablandada

225 g/8 oz/1 taza de azúcar glas (superfina).

5 huevos

350 g/12 oz/3 tazas de harina común (para todo uso)

100 g de nueces picadas en trozos grandes

2/3 taza/100 g de piña congelada (confitada), picada

Un poco de leche

Mezcle la mantequilla o margarina y el azúcar hasta que esté suave y esponjosa. Agrega poco a poco los huevos, luego mezcla la harina, las nueces y la piña y agrega suficiente leche para obtener una consistencia líquida. Vierte la mezcla en un molde de 23 cm engrasado y forrado y hornea en horno precalentado a 150°C/termostato 2 durante 1½ horas hasta que al insertar un palillo en el centro, éste salga limpio.

pastel de frambuesa

Hacer una tarta de 20 cm.

100 g/4 oz/½ taza de mantequilla o margarina, ablandada

200 g/7 oz/lite 1 taza de azúcar granulada (superfina).

2 huevos, ligeramente batidos

250 ml/8 fl oz/1 dl de crema agria (ácido láctico)

5 ml/1 cucharadita de esencia de vainilla (extracto)

2¼ tazas/9 oz/250 g de harina (para todo uso)

5 ml/1 cucharada de levadura en polvo

5 ml/1 cucharadita de bicarbonato de sodio (levadura en polvo)

5 ml/1 cucharada de cacao en polvo (chocolate sin azúcar).

2,5 ml/½ cucharadita de sal

100 g de frambuesas congeladas frescas o descongeladas

Adornar:

30 ml/2 cucharadas de azúcar granulada (superfina).

5 ml/1 cucharadita de canela molida

Mezclar la mantequilla o margarina y el azúcar. Incorpora poco a poco los huevos, luego la crema de leche y la esencia de vainilla. Mezclar la harina, la levadura en polvo, el bicarbonato de sodio, el cacao y la sal. Dale la vuelta a las frambuesas. Verter la mezcla en un molde de 8/20 cm engrasado. Mezclar el azúcar y la canela y espolvorear sobre el bizcocho. Hornear en horno precalentado a 200°C/termostato 4 durante 35 minutos, hasta que estén dorados y al insertar un cuchillo en el centro este salga limpio. Espolvorea con azúcar mezclada con canela.

Pastel de ruibarbo

Hacer una tarta de 20 cm.

225 g de harina integral (integral).

10 ml / 2 cucharadas de levadura en polvo

10 ml/2 cucharaditas de canela molida

45 ml/3 cucharadas de miel clara

175 g/6 oz/1 taza de pasas (pasas doradas)

2 huevos

150 ml/¼ pt/2/3 taza de leche

225 g de ruibarbo, picado

30 ml/2 cucharadas de azúcar demerara

Mezclar todos los ingredientes excepto el ruibarbo y el azúcar. Agrega el ruibarbo y vierte en un molde de 20 cm, untado con mantequilla y enharinado. Espolvorea con azúcar. Hornee en horno precalentado a 180°C/350°F/termostato 4 durante 45 minutos hasta que esté cocido. Deje enfriar en el molde durante 10 minutos antes de retirarlo del molde.

Pastel de ruibarbo con miel

Para dos bizcochos de 450 g

250 g/9 oz/2/3 taza de miel clara

120 mililitros de aceite

1 huevo, ligeramente batido

15 ml/1 cucharada de bicarbonato de sodio (levadura en polvo)

¼ pt/2/3 taza/150 ml yogur

75 ml/5 cucharadas de agua

350 g/12 oz/3 tazas de harina común (para todo uso)

10 ml/2 cucharadas de sal

350 g de ruibarbo, finamente picado

5 ml/1 cucharadita de esencia de vainilla (extracto)

50 g/2 oz/½ taza de nueces mixtas picadas

Adornar:

75 g de azúcar moreno dulce

5 ml/1 cucharadita de canela molida

15 ml/1 cucharada de mantequilla o margarina derretida

Mezclar la miel y el aceite y luego mezclar el huevo. Mezcla bicarbonato de sodio con yogur y agua hasta que se disuelva. Mezclar la harina y la sal y agregarla alternativamente con el yogur a la mezcla de miel. Agrega el ruibarbo, la esencia de vainilla y las nueces. Vierte la mezcla en dos moldes de 450g engrasados y forrados. Mezclar los ingredientes de la cobertura y espolvorear sobre los pasteles. Hornee en horno precalentado a 160°C/325°F/termostato 3 durante 1 hora hasta que esté firme al tacto y la parte superior esté dorada. Déjalo enfriar en los moldes durante 10 minutos y luego colócalo sobre una rejilla para que se enfríe más.

pastel de remolacha

Hacer una tarta de 20 cm.

250 g/9 oz/1¼ taza de harina (para todo uso)

15 ml / 1 cucharada de levadura en polvo

5 ml/1 cucharadita de canela molida

Una pizca de sal

150 ml de aceite

300 g/11 oz/11/3 tazas de azúcar glas (superfina).

3 huevos, separados

150 g de remolacha cruda, pelada y rallada gruesa

150 g de zanahoria rallada gruesa

100 g/4 oz/1 taza de nueces mixtas picadas

Mezclar la harina, la levadura en polvo, la canela y la sal. Mezclar el aceite y el azúcar. Batir las yemas, la remolacha, la zanahoria y las nueces. Batir las claras a punto de nieve y luego incorporarlas a la mezcla con una cuchara de metal. Vierta la mezcla en un molde de 20 cm engrasado y forrado y hornee en el horno precalentado a 180°C/termostato 4 durante 1 hora hasta que esté elástico.

Pastel de zanahoria y plátano

Hacer una tarta de 20 cm.

175 g de zanahoria rallada

2 plátanos, triturados

75 g/3 oz/½ taza de pasas (pasas doradas)

50 g/2 oz/½ taza de nueces mixtas picadas

175 g de harina con levadura (con levadura)

5 ml/1 cucharada de levadura en polvo

5 ml/1 cucharadita de especias molidas (tarta de manzana)

Jugo y piel rallada de 1 naranja

2 huevos batidos

75 g/3 oz/1/2 taza de azúcar en polvo light

100 ml/31/2 fl oz/lite 1/2 taza de aceite de girasol

Mezcle todos los ingredientes hasta que estén bien mezclados. Verter la mezcla en un molde de 8/20 cm engrasado y forrado y hornear en horno precalentado a 180°C/termostato 4 durante 1 hora hasta que al insertar un palillo en el centro, éste salga limpio.

Tarta de zanahoria y manzana

Hornear un pastel de 23 cm

250 g de harina con levadura (con levadura)

5 ml/1 cucharadita de bicarbonato de sodio (levadura en polvo)

5 ml/1 cucharadita de canela molida

175 g de azúcar moreno dulce

ralladura fina de 1 naranja

3 huevos

200 ml/7 fl oz/lite 1 taza de aceite

150 g de manzanas de mesa (postre), peladas, sin corazón y ralladas

150 g de zanahorias ralladas

2/3 taza/100 g de orejones listos para comer, picados

100 g/4 oz/1 taza de nueces pecanas o nueces picadas

Mezcle la harina, el polvo para hornear y la canela y luego agregue el azúcar y la ralladura de naranja. Batir los huevos con el aceite y mezclar con la manzana, las zanahorias y dos tercios de los albaricoques y las nueces. Agrega la mezcla de harina y vierte en un molde de 9 pulgadas engrasado y forrado. Espolvoree sobre los albaricoques y las nueces picados restantes. Hornee en horno precalentado a 180°C/350°F/termostato 4 durante 30 minutos hasta que esté suave al tacto. Deje que se enfríe un poco en la sartén y luego colóquelo sobre una rejilla para que se enfríe más.

Tarta de zanahoria y canela

Hacer una tarta de 20 cm.

100 g de harina integral (trigo).

100 g/4 oz/1 taza de harina común (para todo uso)

15 ml/1 cucharada de canela molida

5 ml/1 cucharada de nuez moscada rallada

10 ml / 2 cucharadas de levadura en polvo

100 g/4 oz/½ taza de mantequilla o margarina

100 g/4 oz/1/3 taza de miel clara

100 g/4 oz/½ taza de azúcar moreno dulce

225 g de zanahoria rallada

Mezclar en un bol la harina, la canela, la nuez moscada y el polvo para hornear. Derretir la mantequilla o margarina con la miel y el azúcar y luego mezclar con la harina. Agrega las zanahorias y mezcla bien. Vierte la mezcla en un molde para horno de 8/20 cm engrasado y forrado y hornea en horno precalentado a 160°C/325°F/termostato 3 durante 1 hora hasta que al insertar un palillo en el centro, éste salga limpio. Deje enfriar en el molde durante 10 minutos y luego colóquelo sobre una rejilla para que se enfríe más.

Tarta de zanahoria y calabacín

Hornear un pastel de 23 cm

2 huevos

175 g de azúcar moreno dulce

100 g de zanahorias ralladas

50 g de calabacín rallado

75 ml/5 cucharadas de aceite

225 g de harina con levadura (con levadura)

2,5 ml/½ cucharadita de levadura en polvo

5 ml/1 cucharadita de especias molidas (tarta de manzana)

Glaseado de Queso Crema

Mezclar los huevos, el azúcar, las zanahorias, el calabacín y el aceite. Agrega la mezcla de harina, levadura y especias y mezcla hasta obtener una pasta homogénea. Vierta la mezcla en un molde para hornear de 9 cm/23 cm engrasado y forrado y hornee en el horno precalentado a 180 °C/350 °F/termostato 4 durante 30 minutos hasta que al insertar un palillo en el centro, éste salga limpio. Deje enfriar y luego unte con glaseado de queso crema.

Pastel De Zanahoria Y Jengibre

Hacer una tarta de 20 cm.

2/3 taza/6 oz/175 g de mantequilla o margarina

100 g/4 oz/1/3 taza de almíbar dorado (maíz claro)

120 ml/4 oz/½ taza de agua

100 g/4 oz/½ taza de azúcar moreno dulce

150 g de zanahoria rallada gruesa

5 ml/1 cucharadita de bicarbonato de sodio (levadura en polvo)

200 g/7 oz/1¾ taza de harina (para todo uso)

100 g de harina con levadura

5 ml/1 cucharadita de jengibre molido

Una pizca de sal

Para el glaseado:

175 g de azúcar granulada (azúcar glas), tamizada

5 ml/1 cucharadita de mantequilla o margarina, ablandada

30 ml/2 cucharadas de jugo de limón

Derretir la mantequilla o margarina con el almíbar, el agua y el azúcar y dejar hervir. Retirar del fuego y mezclar las zanahorias y el bicarbonato de sodio. Dejar enfriar. Mezclar la harina, el jengibre y la sal, verter en un molde para pasteles engrasado de 20 cm/8 cm y hornear en el horno precalentado a 180 °C/termostato 4 durante 45 minutos hasta que suba y esté elástico. jugar. Desmoldar y dejar enfriar.

Mezclar el azúcar glas con la mantequilla o margarina y suficiente jugo de limón para hacer un glaseado untable. Corta el pastel por la mitad horizontalmente, luego usa la mitad del glaseado para doblar el pastel y esparcir el resto por encima.

Pastel de zanahoria y ternera

Hornear un pastel de 18 cm

2 huevos grandes, separados

150 g/5 oz/2/3 taza de azúcar granulada (superfina).

225 g de zanahoria rallada

5 oz/1¼ tazas de nueces mixtas picadas

10 ml/2 cucharaditas de piel de limón rallada

50 g/2 oz/½ taza de harina (para todo uso)

2,5 ml/½ cucharadita de levadura en polvo

Batir las yemas y el azúcar hasta que estén espesos y cremosos. Mezclar las zanahorias, las nueces y la ralladura de limón, luego mezclar la harina y la levadura. Batir las claras hasta que formen picos suaves y luego incorporarlas a la mezcla. Vierte la mezcla en un molde cuadrado de 19 cm engrasado. Hornear en horno precalentado a 180°C/termostato 4 durante 40-45 minutos, hasta que al insertar un cuchillo en el centro éste salga limpio.

Pastel de zanahoria, naranja y ternera

Hacer una tarta de 20 cm.

100 g/4 oz/½ taza de mantequilla o margarina, ablandada

100 g/4 oz/½ taza de azúcar moreno dulce

5 ml/1 cucharadita de canela molida

5 ml/1 cucharada de piel de naranja rallada

2 huevos, ligeramente batidos

15 ml/1 cucharada de zumo de naranja

100 g de zanahorias finamente ralladas

50 g/2 oz/½ taza de nueces mixtas picadas

225 g de harina con levadura (con levadura)

5 ml/1 cucharada de levadura en polvo

Mezcle la mantequilla o margarina, el azúcar, la canela y la ralladura de naranja hasta obtener una mezcla ligera y esponjosa. Agrega poco a poco el huevo y el jugo de naranja, luego las zanahorias, las nueces, la harina y la levadura. Verter la mezcla en un molde para bizcocho de 8/20 cm engrasado y forrado y hornear en horno precalentado a 180°C/termostato 4 durante 45 minutos hasta que esté elástico.

Tarta de zanahoria, piña y coco

Hornear un molde para pastel de 25 cm

3 huevos

350 g/12 oz/1½ tazas de azúcar granulada (superfina).

300 ml/½ pt/1¼ taza de aceite

5 ml/1 cucharadita de esencia de vainilla (extracto)

225 g/8 oz/2 tazas de harina común (para todo uso)

5 ml/1 cucharadita de bicarbonato de sodio (levadura en polvo)

10 ml/2 cucharaditas de canela molida

5 ml/1 cucharada de sal

225 g de zanahoria rallada

100 g de piña enlatada, escurrida y triturada

100 g de coco seco (rallado)

100 g/4 oz/1 taza de nueces mixtas picadas

Azúcar glas, tamizada, para espolvorear

Batir los huevos, el azúcar, el aceite y la esencia de vainilla. Mezcla la harina, el bicarbonato, la canela y la sal y agrégalo poco a poco a la mezcla. Mezclar las zanahorias, la piña, el coco y las nueces. Vierte la mezcla en un molde de 25 cm untado con mantequilla y hornea en horno precalentado a 160°C/termostato 3 durante 1 hora 15 minutos hasta que al insertar un palillo en el centro éste salga limpio. Déjelo enfriar en el molde durante 10 minutos antes de transferirlo a una rejilla para que termine de enfriarse. Espolvorea con azúcar glas antes de servir.

Tarta de zanahoria y pistacho

Hornear un pastel de 23 cm

100 g/4 oz/½ taza de mantequilla o margarina, ablandada

100 g/4 oz/½ taza de azúcar glas (superfina).

2 huevos

225 g/8 oz/2 tazas de harina común (para todo uso)

5 ml/1 cucharadita de bicarbonato de sodio (levadura en polvo)

5 ml/1 cucharadita de cardamomo molido

225 g de zanahoria rallada

2 oz/½ taza/50 g de pistachos picados

50 g de almendras molidas

100 g de pasas (pasas doradas)

Mezcle la mantequilla o margarina y el azúcar hasta que esté suave y esponjosa. Agrega poco a poco los huevos, batiendo bien después de cada adición, luego agrega la harina, la levadura en polvo y el cardamomo. Mezclar las zanahorias, las nueces, las almendras molidas y las pasas. Vierte la mezcla en un molde desmontable de 9 cm/23 cm engrasado y forrado y hornea en horno precalentado a 180°C/termostato 4 durante 40 minutos, hasta que esté dorado y suave al tacto.

Tarta de zanahoria y nueces

Hornear un pastel de 23 cm

200 ml/7 fl oz/lite 1 taza de aceite

4 huevos

225 g/8 oz/2/3 taza de miel clarificada

225 g de harina integral (integral).

10 ml / 2 cucharadas de levadura en polvo

2,5 ml/½ cucharadita de bicarbonato de sodio (levadura en polvo)

Una pizca de sal

5 ml/1 cucharadita de esencia de vainilla (extracto)

175 g de zanahorias ralladas gruesas

175 gramos de pasas

100 g de nueces, finamente picadas

Mezclar aceite, huevo y miel. Agregue gradualmente todos los ingredientes restantes y bata hasta que estén bien combinados. Vierte la mezcla en un molde de 23 cm untado con mantequilla y enharinado y hornea en el horno precalentado a 180°C/termostato 4 durante 1 hora hasta que al insertar un palillo en el centro éste salga limpio.

Pastel De Zanahoria Picante

Hornear un pastel de 18 cm

175 g de dátiles

120 ml/4 oz/½ taza de agua

6 oz/¾ taza/175 g de mantequilla o margarina, ablandada

2 huevos, ligeramente batidos

225 g de harina con levadura (con levadura)

175 g de zanahoria finamente rallada

25 g de almendras molidas

ralladura de 1 naranja

2,5 ml/½ cucharadita. especias molidas (tarta de manzana)

2,5 ml/½ cucharadita de canela molida

2,5 ml/½ cucharadita de jengibre molido

Para el glaseado:

350 g de requesón

25 g/1 oz/2 cucharadas de mantequilla o margarina, ablandada

ralladura de 1 naranja

Coloque los dátiles y el agua en una cacerola pequeña, lleve a ebullición y cocine durante 10 minutos hasta que estén tiernos. Retire y deseche los huesos (huesos) y pique los dátiles finamente. Mezclar los dátiles y el líquido, la mantequilla o margarina y los huevos hasta obtener una mezcla cremosa. Mezcle todos los ingredientes restantes del pastel. Vierte la mezcla en un molde para pastel de 7 cm/18 cm engrasado y forrado y hornea en horno precalentado a 180°C/350°F/termostato 4 durante 1 hora hasta que al insertar un palillo en el centro, éste salga limpio. Déjelo enfriar en el molde durante 10 minutos antes de transferirlo a una rejilla para que termine de enfriarse.

Para hacer el glaseado, mezcla todos los ingredientes hasta tener una consistencia untable. Agrega un poco de jugo de naranja o agua si es necesario. Divide el bizcocho por la mitad de forma horizontal, agrega las capas con la mitad del helado y divide el resto encima.

Pastel de zanahoria con azúcar moreno

Hornear un pastel de 18 cm

5 huevos, separados

200 g/7 oz/lite 1 taza de azúcar moreno dulce

15 ml / 1 cucharada de jugo de limón

300 g de zanahorias ralladas

225 g/8 oz/2 tazas de almendras molidas

25 g de harina integral (trigo).

5 ml/1 cucharadita de canela molida

25 g/1 oz/2 cucharadas de mantequilla o margarina, derretida

25 g/2 cucharadas de azúcar granulada (superfina).

30 ml/2 cucharadas de nata (light)

75 g/3 oz/¾ taza de nueces mixtas picadas

Batir las yemas de huevo hasta que estén espumosas, incorporar el azúcar hasta que quede suave y luego incorporar el jugo de limón. Agrega un tercio de las zanahorias y luego un tercio de las almendras, y continúa haciendo esto hasta que todo esté combinado. Mezclar la harina y la canela. Batir las claras a punto de nieve y luego incorporarlas a la mezcla con una cuchara de metal. Verter la mezcla en un molde de 18 cm engrasado y forrado y hornear en horno precalentado a 180°C/termostato 4 durante 1 hora. Cubre el bizcocho con papel de horno (encerado) y reduce la temperatura del horno a 160°C/325°F/termostato 3 durante 15 minutos más o hasta que el bizcocho se encoja ligeramente de los lados del molde y el centro aún esté húmedo.

Combina la mantequilla o margarina derretida, el azúcar, la nata y las nueces, vierte sobre el bizcocho y cocina a fuego medio hasta que se dore.

Tarta de calabacín y tuétano

Hacer una tarta de 20 cm.

225 g/8 oz/1 taza de azúcar glas (superfina).

2 huevos batidos

120 mililitros de aceite

100 g/4 oz/1 taza de harina común (para todo uso)

5 ml/1 cucharada de levadura en polvo

2,5 ml/½ cucharadita de bicarbonato de sodio (levadura en polvo)

2,5 ml/½ cucharadita de sal

100 g de calabacín rallado

100 g de piña triturada

50 g de nueces picadas

5 ml/1 cucharadita de esencia de vainilla (extracto)

Mezclar el azúcar y los huevos hasta que estén pálidos y bien mezclados. Agrega el aceite y luego los ingredientes secos. Agrega el calabacín, la piña, las nueces y la esencia de vainilla. Vierte la mezcla en un molde de 20 cm untado con mantequilla y enharinado y hornea en el horno precalentado a 180°C/termostato 4 durante 1 hora hasta que al insertar un palillo en el centro, éste salga limpio. Deje enfriar en el molde durante 30 minutos antes de transferirlo a una rejilla para completar el enfriamiento.

Tarta de calabacín y naranja

Hornear un molde para pastel de 25 cm

8 oz/1 taza de mantequilla o margarina, ablandada

450 g de azúcar moreno dulce

4 huevos, ligeramente batidos

275 g/10 oz/2½ tazas de harina común (para todo uso)

15 ml / 1 cucharada de levadura en polvo

2,5 ml/½ cucharadita de sal

5 ml/1 cucharadita de canela molida

2,5 ml/½ cucharadita de nuez moscada rallada

Una pizca de clavo molido

Ralladura y jugo de 1 naranja

225 g de calabacín rallado

Mezcle la mantequilla o margarina y el azúcar hasta que esté suave y esponjosa. Agrega los huevos poco a poco y luego agrega la harina, el polvo para hornear, la sal y las especias, alternando con la ralladura de naranja y el jugo. Agrega el calabacín. Vierta la mezcla en un molde para hornear de 10/25 cm engrasado y forrado y hornee en el horno precalentado a 180°C/350°F/termostato 4 durante 1 hora hasta que esté dorado y elástico al tacto. Si la parte superior empieza a dorarse hacia el final de la cocción, cúbrala con papel de horno (sin grasa).

Pastel de calabaza y especias

Hornear un molde para pastel de 25 cm

350 g/12 oz/3 tazas de harina común (para todo uso)

10 ml / 2 cucharadas de levadura en polvo

7,5 ml/1½ cucharadita de canela molida

5 ml/1 cucharadita de bicarbonato de sodio (levadura en polvo)

2,5 ml/½ cucharadita de sal

8 claras de huevo

450 g de azúcar glas (superfino).

100 g de puré de manzana (salsa)

120 ml de suero de leche

15 ml/1 cucharada de esencia de vainilla (extracto)

5 ml/1 cucharadita de piel de naranja finamente rallada

350 g/12 oz/3 tazas de Calabacín (Calabacín), rallado

75 g/3 oz/¾ taza de nueces picadas

Adornar:

100 g/4 oz/½ taza de queso crema

25 g/1 oz/2 cucharadas de mantequilla o margarina, ablandada

5 ml/1 cucharadita de piel de naranja finamente rallada

10 ml/2 cucharadita de jugo de naranja

2 tazas/12 oz/350 g de azúcar glas (azúcar glas), tamizada

Mezclar los ingredientes secos. Batir las claras hasta que formen picos suaves. Agrega poco a poco el azúcar, luego el puré de manzana, la mantequilla, la esencia de vainilla y la ralladura de naranja. Agrega la mezcla de harina, luego el calabacín y las nueces. Vierta la mezcla en un molde para hornear de 10 cm/25 cm engrasado y enharinado y hornee en el horno precalentado a 150 °C/300 °F/termostato 2 durante 1 hora hasta que al insertar un palillo en el centro, éste salga limpio. Déjalo enfriar en la sartén.

Mezcla todos los ingredientes para el relleno hasta que quede suave y agrega suficiente azúcar para lograr una consistencia untable. Distribuir sobre el bizcocho enfriado.

Pastel de calabaza

Hornear un pastel de 23 x 33 cm

450 g de azúcar glas (superfino).

4 huevos batidos

375 ml de aceite

350 g/12 oz/3 tazas de harina común (para todo uso)

15 ml / 1 cucharada de levadura en polvo

10 ml/2 cucharaditas de bicarbonato de sodio (levadura en polvo)

10 ml/2 cucharaditas de canela molida

2,5 ml/½ cucharadita de jengibre molido

Una pizca de sal

225 g de calabaza cocida cortada en cubitos

100 g/4 oz/1 taza de nueces picadas

Mezcle el azúcar y los huevos hasta que estén bien combinados, luego agregue el aceite. Mezclar los ingredientes restantes. Vierte la mezcla en una fuente de horno engrasada y enharinada de 23 x 33 cm y hornea en horno precalentado a 180°C/termostato 4 durante 1 hora hasta que al insertar un palillo en el centro, éste salga limpio.

El temido pastel de calabaza

Hacer una tarta de 20 cm.

100 g/4 oz/½ taza de mantequilla o margarina, ablandada

150 g/5 oz/2/3 taza de azúcar moreno dulce

2 huevos, ligeramente batidos

225 g de calabaza cocida en frío

30 ml/2 cucharadas de almíbar dorado (maíz claro)

225 g 1/1/3 taza de nueces mixtas (mezcla para pastel de frutas)

225 g de harina con levadura (con levadura)

50 g/2 oz/½ taza de salvado

Mezcle la mantequilla o margarina y el azúcar hasta que esté suave y esponjosa. Agrega los huevos poco a poco y luego agrega el resto de los ingredientes. Vierte la mezcla en un molde para horno de 8/20 cm engrasado y forrado y hornea en horno precalentado a 160°C/325°F/termostato 3 durante 1 hora 15 minutos hasta que al insertar un palillo en el centro, éste salga limpio.

Rollo de calabaza picante

Haga un rollo de 30 cm/12 pulgadas

75 g/3 oz/¾ taza de harina (para todo uso)

5 ml/1 cucharadita de bicarbonato de sodio (levadura en polvo)

5 ml/1 cucharadita de jengibre molido

2,5 ml/½ cucharadita de nuez moscada rallada

10 ml/2 cucharaditas de canela molida

Una pizca de sal

1 huevo

225 g/8 oz/1 taza de azúcar glas (superfina).

100 g de calabaza cocida, cortada en cubos

5 ml/1 cucharadita de jugo de limón

4 claras de huevo

50 g de nueces picadas

1/3 taza/2 oz/50 g de azúcar glas (azúcar glas), tamizada

Para el llenado:

175 g de azúcar granulada (azúcar glas), tamizada

100 g/4 oz/½ taza de queso crema

2,5 ml/½ cucharadita de esencia de vainilla (extracto)

Mezclar la harina, el bicarbonato de sodio, las especias y la sal. Batir el huevo hasta que esté espeso y pálido y mezclar con el azúcar hasta que la mezcla esté pálida y cremosa. Mezclar la calabaza y el jugo de limón. Agrega la mezcla de harina. Batir las claras en un bol limpio hasta que estén firmes. Incorpora la mezcla del pastel a un molde suizo de 30x12cm/12x8 engrasado y forrado y espolvorea las nueces encima. Hornee en horno precalentado a 190°C/375°F/termostato 5 durante 10 minutos hasta que esté suave al tacto. Tamiza el azúcar glas sobre un paño de cocina limpio e invierte el pastel sobre el paño de cocina. Retirar el papel de horno, envolver el bizcocho en el paño de cocina y dejar enfriar.

Para hacer el relleno, bate poco a poco el azúcar con el queso crema y la esencia de vainilla hasta obtener una mezcla untable. Dividir el bizcocho y esparcir el relleno por encima. Vuelva a enrollar el bizcocho y déjelo enfriar antes de servir, luego espolvoree con un poco más de azúcar glas.

pastel de miel de ruibarbo

Para dos bizcochos de 450 g

250 g/9 oz/¾ taza de miel clara

100 ml de aceite

1 huevo

5 ml/1 cucharadita de bicarbonato de sodio (levadura en polvo)

60 ml/4 cucharadas de agua

350 g de harina integral (trigo).

10 ml/2 cucharadas de sal

350 g de ruibarbo, finamente picado

5 ml/1 cucharadita de esencia de vainilla (extracto)

2 oz/½ taza/50 g de nueces mixtas picadas (opcional)

Adornar:

75 g de azúcar granulada

5 ml/1 cucharadita de canela molida

15 g/½ oz/1 cucharada de mantequilla o margarina, ablandada

Mezclar miel y aceite. Agrega el huevo y bate bien. Agrega el bicarbonato de sodio al agua y deja que se disuelva. Mezclar la harina y la sal. Agrega la mezcla de miel alternativamente con bicarbonato de sodio o mezcla de bicarbonato de sodio. Si lo desea, agregue el ruibarbo, la esencia de vainilla y las nueces. Vierte la mezcla en dos latas de 450 gramos engrasadas. Mezcle los ingredientes para la cobertura y extiéndalos sobre la mezcla del pastel. Hornee en horno precalentado a 180°C/350°F/termostato 4 durante 1 hora hasta que esté suave al tacto.

pastel de camote

Hornear un pastel de 23 cm

300 g/11 oz/2¾ tazas de harina común (para todo uso)

15 ml / 1 cucharada de levadura en polvo

5 ml/1 cucharadita de canela molida

5 ml/1 cucharada de nuez moscada rallada

Una pizca de sal

350 g/12 oz/1¾ tazas de azúcar glas (superfina).

375 ml de aceite

60 ml/4 cucharadas de agua hervida

4 huevos, separados

225 g de batatas, peladas y ralladas gruesas

100 g/4 oz/1 taza de nueces mixtas picadas

5 ml/1 cucharadita de esencia de vainilla (extracto)

Para el glaseado:

8 oz/11/3 tazas de azúcar glas (repostería), tamizada

2 oz/¼ taza/50 g de mantequilla o margarina, ablandada

250 g/9 oz/1 tubo mediano de queso crema

50 g/2 oz/½ taza de nueces mixtas picadas

Una pizca de canela molida para espolvorear

Mezclar la harina, la levadura, la canela, la nuez moscada y la sal. Mezclar el azúcar y el aceite, agregar el agua hirviendo y batir hasta que estén bien combinados. Agrega la mezcla de yema de huevo y harina y mezcla hasta que esté bien combinado. Mezclar los camotes, las nueces y la esencia de vainilla. Batir las claras de huevo cocidas y luego incorporarlas a la mezcla. Vierta la mezcla en dos moldes para hornear de 9 cm/23 cm engrasados y enharinados y hornee en un horno precalentado a 180 °C/350 °F/termostato 4 durante 40 minutos hasta que esté elástico al tacto. Deje enfriar en los moldes durante 5 minutos, luego colóquelo sobre una rejilla para completar el enfriamiento.

Mezclar el azúcar glas, la mantequilla o margarina y la mitad del queso crema. Unta la mitad del queso crema restante sobre un pastel y extiende el glaseado sobre el queso. Sandwich las galletas juntas. Unte el queso crema restante encima y espolvoree con nueces y canela antes de servir.

pastel de almendras italiano

Hacer una tarta de 20 cm.

1 huevo

150 ml/¼ pt/2/3 taza de leche

2,5 ml/½ cucharadita de esencia de almendras (extracto)

45 ml/3 cucharadas de mantequilla derretida

350 g/12 oz/3 tazas de harina común (para todo uso)

100 g/4 oz/½ taza de azúcar glas (superfina).

10 ml / 2 cucharadas de levadura en polvo

2,5 ml/½ cucharadita de sal

1 clara de huevo

100 g/4 oz/1 taza de almendras picadas

Batir el huevo en un bol y añadir poco a poco la leche, la esencia de almendras y la mantequilla derretida, batiendo continuamente. Agrega la harina, el azúcar, el polvo para hornear y la sal y continúa mezclando hasta que quede suave. Verter la mezcla en un molde (molde) de 20 cm untado con mantequilla y forrado. Batir la clara de huevo hasta que esté espumosa, luego untarla generosamente sobre el bizcocho y espolvorear con almendras. Hornear en horno precalentado a 220°C/termostato 7 durante 25 minutos hasta que estén dorados y elásticos al tacto.

Tarta de almendras y café

Hornear un pastel de 23 cm

8 huevos, separados

175 g de azúcar glas (superfino).

60 ml/4 cucharadas de café negro fuerte

175 g/6 oz/1½ tazas de almendras molidas

45 ml/3 cucharadas de sémola (crema de trigo)

100 g/4 oz/1 taza de harina común (para todo uso)

Batir las yemas y el azúcar hasta que estén muy espesos y cremosos. Agrega el café, las almendras molidas y la sémola y bate bien. Mezclar la harina. Batir las claras de huevo cocidas y luego incorporarlas a la mezcla. Vierta la mezcla en un molde para hornear engrasado de 9 cm/23 cm y hornee en un horno precalentado a 180 °C/350 °F/termostato 4 durante 45 minutos hasta que esté elástico al tacto.

Tarta de almendras y miel

Hacer una tarta de 20 cm.

225 g de zanahoria rallada

75 g/3 oz/¾ taza de almendras picadas

2 huevos batidos

100 ml/4 fl oz/½ taza de miel clarificada

60 ml/4 cucharadas de aceite

150 ml/¼ pt/2/3 taza de leche

150 g/5 oz/1¼ tazas de harina integral (integral)

10 ml/2 cucharadas de sal

10 ml/2 cucharaditas de bicarbonato de sodio (levadura en polvo)

15 ml/1 cucharada de canela molida

Mezclar las zanahorias y las nueces. Batir los huevos con la miel, el aceite y la leche e incorporarlos a la mezcla de zanahoria. Mezcle la harina, la sal, el polvo para hornear y la canela y agregue a la mezcla de zanahoria. Vierta la mezcla en un molde para hornear cuadrado de 20 cm engrasado y forrado y hornee en el horno precalentado a 150°C/300°F/termostato 2 durante 1 3/4 horas hasta que al insertar un palillo en el centro, éste salga limpio. Deje enfriar en el molde durante 10 minutos antes de retirarlo del molde.

Tarta de almendras y limón

Hornear un pastel de 23 cm

25 g/1 oz/¼ taza de hojuelas de almendras

100 g/4 oz/½ taza de mantequilla o margarina, ablandada

100 g/4 oz/½ taza de azúcar moreno dulce

2 huevos batidos

100 g de harina con levadura

la ralladura de 1 limón

Para el almíbar:

75 g/3 oz/1/3 taza de azúcar glas (superfina).

45-60 ml/3-4 cucharadas de zumo de limón

Engrasar y engrasar un molde desmontable de 23 cm y espolvorear las almendras por el fondo. Mezclar la mantequilla y el azúcar moreno. Batir los huevos uno a uno y añadir la harina y la ralladura de limón. Vierte en el molde preparado y alisa la superficie. Hornee en horno precalentado a 180°C/350°F/termostato 4 durante 20-25 minutos hasta que esté bien inflado y elástico al tacto.

Mientras tanto, calentar el azúcar glas y el jugo de limón en una cacerola, revolviendo ocasionalmente, hasta que el azúcar se haya disuelto. Retira el bizcocho del horno, déjalo enfriar durante 2 minutos y luego colócalo sobre una rejilla, con la parte inferior hacia arriba. Escurrir el almíbar y dejar enfriar por completo.

Pastel De Naranja Y Almendras

Hacer una tarta de 20 cm.

8 oz/1 taza de mantequilla o margarina, ablandada

225 g/8 oz/1 taza de azúcar glas (superfina).

4 huevos, separados

225 g/8 oz/2 tazas de harina común (para todo uso)

10 ml / 2 cucharadas de levadura en polvo

50 g de almendras molidas

5 ml/1 cucharada de piel de naranja rallada

Mezcle la mantequilla o margarina y el azúcar hasta que esté suave y esponjosa. Batir las yemas y luego añadir la harina, la levadura en polvo, las almendras molidas y la ralladura de naranja. Batir las claras a punto de nieve y luego incorporarlas a la mezcla con una cuchara de metal. Verter la mezcla en un molde de 8/20 cm engrasado y forrado y hornear en horno precalentado a 180°C/termostato 4 durante 1 hora hasta que al insertar un palillo en el centro, éste salga limpio.

Rica tarta de almendras

Hornear un pastel de 18 cm

100 g/4 oz/½ taza de mantequilla o margarina, ablandada

150 g/5 oz/2/3 taza de azúcar granulada (superfina).

3 huevos, ligeramente batidos

75 g/3 oz/¾ taza de almendras molidas

50 g/2 oz/½ taza de harina (para todo uso)

Unas gotas de esencia de almendras (extracto)

Mezcle la mantequilla o margarina y el azúcar hasta que esté suave y esponjosa. Agrega poco a poco los huevos, luego la almendra molida, la harina y la esencia de almendras. Vierta la mezcla en un molde para hornear de 7 cm/18 cm engrasado y forrado y hornee en el horno precalentado a 180°C/termostato 4 durante 45 minutos hasta que esté elástico.

Pastel de macarrones suecos

Hornear un pastel de 23 cm

100 g/4 oz/1 taza de almendras molidas

75 g de azúcar granulada

5 ml/1 cucharada de levadura en polvo

2 claras de huevo grandes, batidas

Mezclar las almendras, el azúcar y la levadura en polvo. Batir las claras hasta que la mezcla esté espesa y suave. Vierta la mezcla en un molde para sándwiches de 9 cm/23 cm engrasado y forrado y hornee en el horno precalentado a 160 °C/termostato 3 durante 20-25 minutos hasta que esté cocido y dorado. Desmoldar con mucho cuidado, porque el bizcocho es frágil.

pan de coco

Para una barra de 450 gramos

100 g de harina con levadura

225 g/8 oz/1 taza de azúcar glas (superfina).

100 g de coco seco (rallado)

1 huevo

120 ml/½ taza de leche

Una pizca de sal

Mezclar bien todos los ingredientes y verter en un molde de 450 g engrasado y forrado. Hornee en un horno precalentado a 180°C/350°F/termostato 4 durante aproximadamente 1 hora hasta que esté dorado y elástico al tacto.

un pastel de coco

Hornear un pastel de 23 cm

75 g de mantequilla o margarina

150 ml/¼ pt/2/3 taza de leche

2 huevos, ligeramente batidos

225 g/8 oz/1 taza de azúcar glas (superfina).

150 g/5 oz/1¼ tazas de harina con levadura (con levadura)

Una pizca de sal

Adornar:

100 g/4 oz/½ taza de mantequilla o margarina

75 g de coco seco (rallado)

60 ml/4 cucharadas de miel clara

45 ml/3 cucharadas de leche

50 g/2 oz/¼ taza de azúcar moreno dulce

Derretir la mantequilla o margarina en la leche y dejar enfriar un poco. Mezcle los huevos y el azúcar glas hasta que estén suaves y esponjosos, luego agregue la mezcla de mantequilla y leche. Agrega la harina y la sal hasta tener una mezcla bastante fina. Vierta la mezcla en un molde para hornear de 9 cm/23 cm engrasado y forrado y hornee en el horno precalentado a 180 °C/350 °F/termostato 4 durante 40 minutos hasta que esté dorado y elástico al tacto.

Mientras tanto, cocina los ingredientes para el relleno en una sartén. Dale la vuelta al bizcocho tibio y úntalo con la mezcla de cobertura. Colocar debajo del grill caliente durante unos minutos hasta que el relleno comience a dorarse.

pastel de coco dorado

Hacer una tarta de 20 cm.

100 g/4 oz/½ taza de mantequilla o margarina, ablandada

200 g/7 oz/lite 1 taza de azúcar granulada (superfina).

200 g/7 oz/1¾ taza de harina (para todo uso)

10 ml / 2 cucharadas de levadura en polvo

Una pizca de sal

175 ml/6 fl oz/¾ taza de leche

3 claras de huevo

Para el relleno y relleno:

150 g de coco seco (rallado)

200 g/7 oz/lite 1 taza de azúcar granulada (superfina).

120 ml/½ taza de leche

120 ml/4 oz/½ taza de agua

3 yemas de huevo

Mezcle la mantequilla o margarina y el azúcar hasta que esté suave y esponjosa. Agrega a la mezcla la harina, el polvo para hornear y la sal alternativamente con la leche y el agua hasta que se forme una masa homogénea. Batir las claras de huevo cocidas hasta que estén firmes y luego incorporarlas a la masa. Vierta la mezcla en dos moldes para horno engrasados de 8/20 cm y hornee en el horno precalentado a 180°C/termostato 4 durante 25 minutos hasta que esté elástico. Dejar enfriar.

Mezclar el coco, el azúcar, la leche y las yemas de huevo en una cacerola pequeña. Cocine a fuego lento durante unos minutos hasta que los huevos estén cocidos, revolviendo constantemente. Dejar enfriar. Unta las galletas con la mitad de la mezcla de coco y coloca el resto encima.

Pastel de coco con capas

Hornear un bizcocho de 9 x 18 cm

100 g/4 oz/½ taza de mantequilla o margarina, ablandada

175 g de azúcar glas (superfino).

3 huevos

175 g/6 oz/1½ taza de harina (para todo uso)

5 ml/1 cucharada de levadura en polvo

175 g/6 oz/1 taza de pasas (pasas doradas)

120 ml/½ taza de leche

6 galletas normales (galletas), trituradas

100 g/4 oz/½ taza de azúcar moreno dulce

100 g de coco seco (rallado)

Mezclar la mantequilla o margarina y el azúcar glas hasta obtener una mezcla ligera y esponjosa. Agrega dos huevos poco a poco y luego mezcla la harina, el polvo para hornear y las pasas alternativamente con la leche. Vierte la mitad de la mezcla en un molde de 450 g engrasado y forrado. Mezclar los huevos restantes con las migas de galleta, el azúcar moreno y el coco y espolvorear sobre la sartén. Vierte el resto de la mezcla y hornea en horno precalentado a 180°C/350°F/termostato 4 durante 1 hora. Deje enfriar en el molde durante 30 minutos y luego colóquelo sobre una rejilla para que se enfríe más.

Tarta de coco y limón

Hacer una tarta de 20 cm.

100 g/4 oz/½ taza de mantequilla o margarina, ablandada

75 g de azúcar moreno dulce

la ralladura de 1 limón

1 huevo batido

Unas gotas de esencia de almendras (extracto)

350 g de harina con levadura (con levadura)

60 ml/4 cucharadas de mermelada de frambuesa (de lata)

Adornar:

1 huevo batido

75 g de azúcar moreno dulce

225 g/8 oz/2 tazas de coco seco (rallado)

Mezcle la mantequilla o margarina, el azúcar y la ralladura de limón hasta que esté suave y esponjosa. Agrega el huevo y la esencia de almendras poco a poco y luego agrega la harina. Vierte la mezcla en un molde de 20 cm engrasado y forrado. Vierte la mermelada sobre la mezcla. Mezclar los ingredientes para el relleno y esparcir sobre la mezcla. Hornee en horno precalentado a 180°C/350°F/termostato 4 durante 30 minutos hasta que esté suave al tacto. Déjalo enfriar en la sartén.

Pastel de coco para el nuevo año.

Hornear un pastel de 18 cm

100 g/4 oz/½ taza de mantequilla o margarina, ablandada

100 g/4 oz/½ taza de azúcar glas (superfina).

2 huevos, ligeramente batidos

75 g/3 oz/¾ taza de harina (para todo uso)

45 ml/3 cucharadas de coco seco (rallado)

30 ml/2 cucharadas de ron

Unas gotas de esencia de almendras (extracto)

Unas gotas de esencia de limón (extracto)

Mezcle la mantequilla y el azúcar hasta que esté suave y esponjoso. Agrega los huevos poco a poco, luego la harina y el coco. Agrega el ron y las esencias. Vierte la mezcla en un molde para horno de 18 cm/7 cm engrasado y forrado y alisa la superficie. Hornear en horno precalentado a 190°C/termostato 5 durante 45 minutos, hasta que al insertar un palillo en el centro éste salga limpio. Déjalo enfriar en la sartén.

Pastel de pasas de coco

Hornear un pastel de 23 cm

100 g/4 oz/½ taza de mantequilla o margarina, ablandada

175 g de azúcar glas (superfino).

2 huevos, ligeramente batidos

175 g/6 oz/1½ taza de harina (para todo uso)

5 ml/1 cucharada de levadura en polvo

Una pizca de sal

175 g/6 oz/1 taza de pasas (pasas doradas)

120 ml/½ taza de leche

Para el llenado:

1 huevo, ligeramente batido

50 g de migas de galleta normal (pastel).

100 g/4 oz/½ taza de azúcar moreno dulce

100 g de coco seco (rallado)

Mezclar la mantequilla o margarina y el azúcar glas hasta obtener una mezcla ligera y esponjosa. Agrega poco a poco los huevos. Agrega la harina, el polvo para hornear, la sal y las pasas con suficiente leche para lograr una consistencia suave. Vierta la mitad de la mezcla en un molde desmontable de 23 cm untado con mantequilla. Mezcle los ingredientes de la cobertura, vierta la mezcla por encima y cubra con la mezcla restante del pastel. Hornee en un horno precalentado a 180°C/350°F/termostato 4 durante 1 hora hasta que esté elástico al tacto y comience a despegarse de los lados del molde. Dejar enfriar en el molde antes de desmoldar.

Pastel De Carne Crujiente

Hornear un pastel de 23 cm

8 oz/1 taza de mantequilla o margarina, ablandada

225 g/8 oz/1 taza de azúcar glas (superfina).

2 huevos, ligeramente batidos

225 g/8 oz/2 tazas de harina común (para todo uso)

2,5 ml/½ cucharadita de bicarbonato de sodio (levadura en polvo)

2,5 ml/½ cucharadita de crémor tártaro

7 fl oz/lite 200 ml 1 taza de leche

Adornar:

100 g/4 oz/1 taza de nueces mixtas picadas

100 g/4 oz/½ taza de azúcar moreno dulce

5 ml/1 cucharadita de canela molida

Mezclar la mantequilla o margarina y el azúcar glas hasta obtener una mezcla ligera y esponjosa. Agrega los huevos poco a poco, luego agrega la harina, el bicarbonato y el crémor tártaro, alternando con la leche. Verter la mezcla en un molde (molde) de 23 cm engrasado y forrado. Mezclar las nueces, el azúcar moreno y la canela y espolvorear sobre el bizcocho. Hornee en horno precalentado a 180°C/350°F/termostato 4 durante 40 minutos hasta que se doren y se despeguen de los lados del molde. Deje enfriar en el molde durante 10 minutos y luego colóquelo sobre una rejilla para que se enfríe más.

Pastel de carne mixta

Hornear un pastel de 23 cm

100 g/4 oz/½ taza de mantequilla o margarina, ablandada

225 g/8 oz/1 taza de azúcar glas (superfina).

1 huevo batido

225 g de harina con levadura (con levadura)

10 ml / 2 cucharadas de levadura en polvo

Una pizca de sal

250 ml/8 oz/1 taza de leche

5 ml/1 cucharadita de esencia de vainilla (extracto)

2,5 ml/½ cucharadita de esencia de limón (extracto)

100 g/4 oz/1 taza de nueces mixtas picadas

Mezcle la mantequilla o margarina y el azúcar hasta que esté suave y esponjosa. Agrega el huevo poco a poco. Mezclar la harina, la levadura y la sal y agregar a la mezcla alternando con la leche y las esencias. Gira las nueces. Vierta la mezcla en dos moldes para pastel de 9 pulgadas engrasados y forrados y hornee en un horno precalentado a 180°F/350°F/termostato 4 durante 40 minutos hasta que al insertar un palillo en el centro, éste salga limpio.

pastel de ternera griego

Hornear un molde para pastel de 25 cm

100 g/4 oz/½ taza de mantequilla o margarina, ablandada

225 g/8 oz/1 taza de azúcar glas (superfina).

3 huevos, ligeramente batidos

2¼ tazas/9 oz/250 g de harina (para todo uso)

225 g de nueces molidas

10 ml / 2 cucharadas de levadura en polvo

5 ml/1 cucharadita de canela molida

1,5 ml/¼ cucharadita de clavo molido

Una pizca de sal

75 ml/5 cucharadas de leche

Para el almíbar de miel:

175 g de azúcar glas (superfino).

75 g/3 oz/¼ taza de miel clara

15 ml / 1 cucharada de jugo de limón

250 ml/8 fl oz/1 taza de agua hirviendo

Mezcle la mantequilla o margarina y el azúcar hasta que esté suave y esponjosa. Agrega los huevos poco a poco y luego agrega la harina, las nueces, el polvo para hornear, las especias y la sal. Agrega la leche y mezcla hasta que quede suave. Vierta la mezcla en un molde para hornear de 10 cm/25 cm engrasado y enharinado y hornee en el horno precalentado a 180 °C/350 °F/termostato 4 durante 40 minutos hasta que esté elástico al tacto. Deje enfriar en el molde durante 10 minutos y luego transfiéralo a una rejilla.

Para hacer el almíbar, mezcla el azúcar, la miel, el jugo de limón y el agua y calienta hasta que se disuelva. Haga agujeros en el pastel caliente con un tenedor y rocíe con almíbar de miel.

Tarta helada de nueces

Hornear un pastel de 18 cm

100 g/4 oz/½ taza de mantequilla o margarina, ablandada

100 g/4 oz/½ taza de azúcar glas (superfina).

2 huevos, ligeramente batidos

100 g de harina con levadura

100 g/4 oz/1 taza de nueces picadas

Una pizca de sal

Para el glaseado:

450 g de azúcar granulada

150 ml/¼ pt/2/3 taza de agua

2 claras de huevo

Unas mitades de nueces para decorar

Mezclar la mantequilla o margarina y el azúcar glas hasta obtener una mezcla ligera y esponjosa. Agrega los huevos poco a poco y luego agrega la harina, las nueces y la sal. Vierta la mezcla en dos moldes para pastel de 18 cm engrasados y forrados y hornee en el horno precalentado a 180°C/termostato 4 durante 25 minutos hasta que esté bien leudado y elástico al tacto. Dejar enfriar.

Disolver el azúcar glas en el agua a fuego lento, revolviendo constantemente, llevar a ebullición y continuar cocinando, sin revolver, hasta que una gota de la mezcla forme una bola suave al verterla en el agua fría. Mientras tanto, bata las claras en un bol limpio hasta que estén firmes.

Vierta el almíbar sobre las claras y bata hasta que la mezcla esté lo suficientemente espesa como para cubrir el dorso de una cuchara. Extiende una capa de glaseado sobre los bizcochos, extiende el resto por la parte superior y los lados del bizcocho y decora con las mitades de nueces.

Tarta de nueces con crema de chocolate

Hornear un pastel de 18 cm

3 huevos

75 g de azúcar moreno dulce

50 g de harina integral (integral).

25 g/1 oz/¼ taza de cacao en polvo (chocolate sin azúcar)

Para el glaseado:

150 g de chocolate negro (semidulce)

225 g de queso crema bajo en grasa

45 ml/3 cucharadas de azúcar glas (repostería), tamizada

75 g/3 oz/¾ taza de nueces picadas

15 ml/1 cucharada de coñac (opcional)

Chocolate rallado para decorar

Mezcle los huevos y el azúcar moreno hasta que estén pálidos y espesos. Mezclar la harina y el cacao. Vierta la mezcla en dos moldes para hornear de 7 cm/18 cm engrasados y forrados y hornee en un horno precalentado a 190 °C/375 °F/termostato 5 durante 15-20 minutos hasta que esté bien inflado y elástico al tacto. Retirar de los moldes y dejar enfriar.

Derrita el chocolate en un recipiente resistente al calor sobre una cacerola con agua hirviendo a fuego lento. Retire del fuego y agregue el queso crema y el azúcar glas, luego agregue las nueces y el brandy, si lo usa. Extiende la mayor parte del relleno sobre las galletas y extiende el resto encima. Decorar con chocolate rallado.

Tarta de miel y canela

Hornear un pastel de 23 cm

225 g/8 oz/2 tazas de harina común (para todo uso)

10 ml / 2 cucharadas de levadura en polvo

5 ml/1 cucharadita de bicarbonato de sodio (levadura en polvo)

5 ml/1 cucharadita de canela molida

Una pizca de sal

100 gramos de yogur

75 ml/5 cucharadas de aceite

100 g/4 oz/1/3 taza de miel clara

1 huevo, ligeramente batido

5 ml/1 cucharadita de esencia de vainilla (extracto)

Para el llenado:

2 oz/½ taza/50 g de nueces picadas

225 g/8 oz/1 taza de azúcar moreno dulce

10 ml/2 cucharaditas de canela molida

30 ml/2 cucharadas de aceite

Mezclar los ingredientes secos para el bizcocho y hacer un hueco en el centro. Combine los ingredientes restantes del pastel y mezcle con los ingredientes secos. Mezclar los ingredientes para el relleno. Vierta la mitad de la masa del bizcocho en un molde para hornear de 9 cm/23 cm engrasado y enharinado y espolvoree con la mitad del relleno. Agrega el resto de la mezcla del bizcocho y luego el resto del relleno. Hornee en horno precalentado a 180°C/350°F/termostato 4 durante 30 minutos hasta que esté bien inflado, dorado y comience a despegarse de los lados del molde.

Barritas de almendras y miel

hacer 10

15 g de levadura fresca o 20 ml de levadura seca

45 ml/3 cucharadas de azúcar granulada (superfina).

120 ml/4 fl oz/½ taza de leche tibia

300 g/11 oz/2¾ tazas de harina común (para todo uso)

Una pizca de sal

1 huevo, ligeramente batido

2 oz/¼ taza/50 g de mantequilla o margarina, ablandada

½ pt/1¼ tazas/300 ml de nata (espesa)

2 cucharadas / 30 ml de azúcar glas (repostería), tamizada

45 ml/3 cucharadas de miel clara

300 g/11 oz/2¾ tazas de almendras fileteadas (en rodajas)

Mezclar la levadura, 5 ml / 1 cucharadita de azúcar granulada y un poco de leche y dejar en un lugar cálido 20 minutos hasta que la mezcla esté espumosa. Mezclar el resto del azúcar con la harina y la sal y hacer un hueco en el centro. Agregue gradualmente los huevos, la mantequilla o margarina, la mezcla de levadura y el resto de la leche tibia y mezcle hasta que se forme una masa suave. Amasar sobre una superficie ligeramente enharinada hasta que quede suave y elástica. Colocar en un recipiente engrasado, cubrir con film transparente (film film) y dejar en un lugar cálido durante 45 minutos hasta que duplique su tamaño.

Amasar nuevamente la masa, extenderla y colocarla en un molde engrasado de 30 x 20 cm, pincharla con un tenedor, tapar y dejar reposar en un lugar cálido durante 10 minutos.

Poner en un cazo pequeño 120 ml de nata, azúcar glas y miel y llevar a ebullición. Retirar del fuego y mezclar con las almendras. Extiende la masa encima y hornea en horno precalentado a 200°C/400°F/termostato 6 durante 20 minutos hasta que esté dorada y elástica al tacto. Cubrir con papel de horno (sin grasa) si la parte superior empieza a dorarse demasiado antes de terminar de cocinar, desmoldar y dejar enfriar.

Corta el bizcocho por la mitad de forma horizontal. Batir el resto de la nata montada hasta que esté firme y dividirla sobre la mitad inferior del bizcocho. Cubrir con la mitad del bizcocho cubierto de almendras y cortar en tiras.

Crumble de manzana y grosella negra

hacer 12

175 g/6 oz/1½ taza de harina (para todo uso)

5 ml/1 cucharada de levadura en polvo

Una pizca de sal

175 g/6 oz/¾ taza de mantequilla o margarina

225 g/8 oz/1 taza de azúcar moreno dulce

100 g/4 oz/1 taza de avena

450 g de manzanas cocidas (pastel), peladas, sin corazón y en rodajas

30 ml/2 cucharadas de harina de maíz (maicena)

10 ml/2 cucharaditas de canela molida

2,5 ml/½ cucharadita de nuez moscada rallada

2,5 ml/½ cucharadita de pimienta molida

225 g de grosellas negras

Mezcle la harina, el polvo para hornear y la sal y luego agregue la mantequilla o margarina. Mezclar el azúcar y la avena. Vierta la mitad en la base de un molde para hornear cuadrado de 9 cm/25 cm engrasado y forrado. Mezclar las manzanas, la harina de maíz y las especias y esparcir por encima. Decorar con grosellas negras. Vierte el resto de la mezcla y alisa la parte superior. Hornee en horno precalentado a 180°C/350°F/termostato 4 durante 30 minutos hasta que esté elástico. Dejar enfriar y luego cortar en rodajas.

Barritas de albaricoque y avena

hacer 24

75 g de orejones

25 g / 1 oz / 3 cucharadas de pasas (pasas doradas)

250ml/8oz/1 taza de agua

5 ml/1 cucharadita de jugo de limón

150 g/5 oz/2/3 taza de azúcar moreno dulce

50 g de coco seco (rallado)

50 g/2 oz/½ taza de harina (para todo uso)

2,5 ml/½ cucharadita de bicarbonato de sodio (levadura en polvo)

100 g/4 oz/1 taza de avena

50 g/2 oz/¼ taza de mantequilla, derretida

Coloca los albaricoques, las pasas, el agua, el jugo de limón y 2 cucharadas (30 ml) de azúcar moreno en una cacerola pequeña y revuelve a fuego lento hasta que espese. Agrega el coco y deja enfriar. Mezcle la harina, el polvo para hornear, la avena y el azúcar restante y agregue la mantequilla derretida. Presione la mitad de la mezcla de avena en el fondo de un molde cuadrado engrasado de 8 pulgadas y extienda la mezcla de albaricoque sobre él. Unte con la mezcla de avena restante y presione ligeramente. Hornear en horno precalentado a 180°C/350°F/termostato 4 durante 30 minutos hasta que se doren. Dejar enfriar y luego cortar en rodajas.

Papas fritas con albaricoque

hacer 16

2/3 tazas/100 g de orejones listos para usar

120 ml de zumo de naranja

100 g/4 oz/½ taza de mantequilla o margarina

75 g de harina integral (trigo).

75 g/3 oz/¾ taza de avena

75 g de azúcar demerara

Remojar los albaricoques en jugo de naranja durante al menos 30 minutos hasta que estén tiernos, escurrirlos y picarlos finamente. Frote la mantequilla o margarina con la harina hasta que la mezcla parezca pan rallado. Mezclar la avena y el azúcar. Coloca la mitad de la mezcla en un molde engrasado de 30x20cm/12x8cm y espolvorea con los albaricoques. Extender el resto de la mezcla sobre ella y presionar ligeramente. Hornear en horno precalentado a 180°C/350°F/termostato 4 durante 25 minutos hasta que se doren. Dejar enfriar en el molde antes de desmoldar y cortar en tiras.

Barras de plátano y nueces

tendra unos 14 años

2 oz/¼ taza/50 g de mantequilla o margarina, ablandada

75 g de azúcar glas (superfina) o azúcar moreno blando

2 plátanos grandes, picados

175 g/6 oz/1½ taza de harina (para todo uso)

7,5 ml / 1½ cucharadita de levadura en polvo

2 huevos batidos

2 oz/½ taza/50 g de nueces, picadas en trozos grandes

Mezclar la mantequilla o margarina y el azúcar. Haga puré los plátanos y mezcle la mezcla. Mezclar la harina y el polvo para hornear. Agrega la harina, los huevos y las nueces a la mezcla de plátano y bate bien. Vierta la mezcla en un molde para hornear de 18 x 28 cm/7 x 11 cm engrasado y forrado, alise la superficie y hornee en un horno precalentado a 160 °C/325 °F/termostato 3 durante 30-35 minutos hasta que esté elástico. Déjalo enfriar en el molde durante unos minutos y luego desmoldalo sobre una rejilla para que se enfríe más. Cortar en unas 14 tiras.

brownies americanos

son alrededor de 15

2 huevos grandes

225 g/8 oz/1 taza de azúcar glas (superfina).

2 oz/¼ taza/50 g de mantequilla o margarina, derretida

2,5 ml/½ cucharadita de esencia de vainilla (extracto)

75 g/3 oz/¾ taza de harina (para todo uso)

45 ml/3 cucharadas de cacao en polvo (chocolate sin azúcar).

2,5 ml/½ cucharadita de levadura en polvo

Una pizca de sal

2 oz/½ taza/50 g de nueces, picadas en trozos grandes

Batir los huevos y el azúcar hasta que estén espesos y cremosos. Agrega la mantequilla y la esencia de vainilla. Tamizar la harina, el cacao, la levadura y la sal y mezclar con la mezcla de las nueces. Vierte la mezcla en un molde cuadrado de 20 cm bien engrasado. Hornee en horno precalentado a 180°C/termostato 4 durante 40 a 45 minutos, hasta que esté elástico. Déjalo en la sartén durante 10 minutos, luego córtalo en cuadritos y colócalo sobre una rejilla mientras aún está caliente.

Brownies de chocolate fudge

tendra unos 16 años

225 g de mantequilla o margarina

175 g de azúcar granulada

350 g de harina con levadura (con levadura)

30 ml/2 cucharadas de cacao en polvo (chocolate sin azúcar).

Para el glaseado:

175 g de azúcar granulada (azúcar glas), tamizada

30 ml/2 cucharadas de cacao en polvo (chocolate sin azúcar).

agua hirviendo

Derretir la mantequilla o margarina y luego agregar el azúcar glas. Mezclar la harina y el cacao. Presione en un molde forrado de 7 x 11 pulgadas/18 x 28 cm. Hornee en horno precalentado a 180°C/350°F/termostato 4 durante unos 20 minutos hasta que esté suave al tacto.

Para hacer el glaseado, tamizamos el azúcar glas y el cacao en un bol y añadimos un chorrito de agua hirviendo. Mezcle hasta que esté bien combinado, agregando una gota o más de agua si es necesario. Congela los brownies mientras aún estén calientes (pero no calientes) y déjalos enfriar antes de cortarlos en cuadritos.

Brownies de nueces y chocolate

hacer 12

50 g de chocolate negro (semidulce)

75 g de mantequilla o margarina

225 g/8 oz/1 taza de azúcar glas (superfina).

75 g/3 oz/¾ taza de harina (para todo uso)

75 g/3 oz/¾ taza de nueces picadas

50 g/2 oz/½ taza de chispas de chocolate

2 huevos batidos

2,5 ml/½ cucharadita de esencia de vainilla (extracto)

Derrita el chocolate y la mantequilla o margarina en un recipiente resistente al calor sobre una cacerola con agua hirviendo a fuego lento. Retirar del fuego y mezclar con los ingredientes restantes. Verter la mezcla en un molde de 8/20 cm engrasado y forrado y hornear en horno precalentado a 180°C/termostato 4 durante 30 minutos hasta que al insertar un palillo en el centro, éste salga limpio. Dejar enfriar en el molde y cortar en cuadritos.

barras de mantequilla

hacer 16

100 g/4 oz/½ taza de mantequilla o margarina, ablandada

100 g/4 oz/½ taza de azúcar glas (superfina).

1 huevo, separado

100 g/4 oz/1 taza de harina común (para todo uso)

25 g/1 oz/¼ taza de nueces mixtas picadas

Mezcle la mantequilla o margarina y el azúcar hasta que esté suave y esponjosa. Incorpora la yema de huevo y luego la harina y las nueces hasta que la mezcla esté bastante firme. Si está muy firme añade un poco de leche; una vez molido, agregue un poco más de harina. Vierte la masa en un molde engrasado de 30x20cm/12x8cm. Batir las claras hasta que estén espumosas y repartirlas sobre la mezcla. Hornear en horno precalentado a 180°C/350°F/termostato 4 durante 30 minutos hasta que se doren. Dejar enfriar y luego cortar en rodajas.

Bandeja de horno con caramelo de cerezas

hacer 12

100 gramos de almendras

8 oz/1 taza de cerezas glaseadas (confitadas), partidas por la mitad

8 oz/1 taza de mantequilla o margarina, ablandada

225 g/8 oz/1 taza de azúcar glas (superfina).

3 huevos batidos

100 g de harina con levadura

50 g de almendras molidas

5 ml/1 cucharada de levadura en polvo

5 ml/1 cucharadita de esencia de almendras (extracto)

Repartir las almendras y las cerezas en el fondo de un molde de 20 cm engrasado y forrado. Derrita ¼ de taza/50 g de mantequilla o margarina con ¼ de taza/2 oz/50 g de azúcar y vierta sobre las cerezas y las nueces. Batir el resto de la mantequilla o margarina y el azúcar hasta que esté suave y esponjoso, luego incorporar los huevos y la harina, las almendras molidas, el polvo para hornear y la esencia de almendras. Vierte la mezcla en el molde y alísalo hacia arriba. Hornear en horno precalentado a 160°C/325°F/termostato 3 durante 1 hora. Déjelo enfriar en el molde durante unos minutos y luego inviértalo con cuidado sobre una rejilla, raspando un poco del relleno de papel pergamino según sea necesario. Dejar enfriar completamente antes de cortar.

Fuente de horno con trozos de chocolate

hacer 24

100 g/4 oz/½ taza de mantequilla o margarina, ablandada

100 g/4 oz/½ taza de azúcar moreno dulce

50 g/2 oz/¼ taza de azúcar granulada (superfina).

1 huevo

5 ml/1 cucharadita de esencia de vainilla (extracto)

100 g/4 oz/1 taza de harina común (para todo uso)

2,5 ml/½ cucharadita de bicarbonato de sodio (levadura en polvo)

Una pizca de sal

100 g/4 oz/1 taza de chispas de chocolate

Batir la mantequilla o margarina y el azúcar hasta que esté suave y esponjoso, luego agregar poco a poco el huevo y la esencia de vainilla. Mezcla la harina, el bicarbonato de sodio y la sal. Agrega los trozos de chocolate. Vierta la mezcla en un molde cuadrado de 25 cm/12 pulgadas engrasado y enharinado y hornee en el horno precalentado a 190°C/termostato 2 durante 15 minutos hasta que se dore. Dejar enfriar y luego cortar en cuadritos.

Capa de crumble de canela

hacer 12

Para la base:

100 g/4 oz/½ taza de mantequilla o margarina, ablandada

30 ml/2 cucharadas de miel clara

2 huevos, ligeramente batidos

100 g/4 oz/1 taza de harina común (para todo uso)

Para el crumble:

75 g de mantequilla o margarina

75 g/3 oz/¾ taza de harina (para todo uso)

75 g/3 oz/¾ taza de avena

5 ml/1 cucharadita de canela molida

50 g/2 oz/¼ taza de azúcar demerara

Mezcle la mantequilla o margarina y la miel hasta que esté suave y esponjosa. Agrega los huevos poco a poco y luego agrega la harina. Vierte la mitad de la mezcla en un molde cuadrado de 20 cm engrasado y alisa la superficie.

Para hacer pan rallado, frote la mantequilla o margarina con la harina hasta que la mezcla parezca pan rallado. Mezclar la avena, la canela y el azúcar. Coloque la mitad del pan rallado en el molde, espolvoree con la mezcla restante del pastel y luego el resto del pan rallado. Hornear en horno precalentado a 190°C/375°F/termostato 5 durante unos 35 minutos, hasta que al insertar un palillo en el centro éste salga limpio. Dejar enfriar y luego cortar en rodajas.

Deliciosos palitos de canela

hacer 16

225 g/8 oz/2 tazas de harina común (para todo uso)

10 ml / 2 cucharadas de levadura en polvo

225 g/8 oz/1 taza de azúcar moreno dulce

15 ml / 1 cucharada de mantequilla derretida

250 ml/8 oz/1 taza de leche

30 ml/2 cucharadas de azúcar demerara

10 ml/2 cucharaditas de canela molida

25 g/1 oz/2 cucharadas de mantequilla, enfriada y cortada en cubos

Mezclar la harina, la levadura en polvo y el azúcar. Agrega la mantequilla derretida y la leche y mezcla bien. Prensar la mezcla en 2 moldes cuadrados de 23 cm de diámetro (moldes). Espolvorea la parte superior con azúcar demerara y canela y presiona trozos de mantequilla sobre ella. Hornear en horno precalentado a 180°C/350°F/termostato 4 durante 30 minutos. La mantequilla hará agujeros en la mezcla y se volverá pegajosa mientras se cocina.

barras de coco

hacer 16

75 g de mantequilla o margarina

100 g/4 oz/1 taza de harina común (para todo uso)

30 ml/2 cucharadas de azúcar granulada (superfina).

2 huevos

100 g/4 oz/½ taza de azúcar moreno dulce

Una pizca de sal

175 g de coco seco (rallado)

50 g/2 oz/½ taza de nueces mixtas picadas

glaseado de naranja

Frote la mantequilla o margarina con la harina hasta que la mezcla parezca pan rallado. Agregue el azúcar y presione en un molde cuadrado de 9/9 de pulgada sin engrasar. Hornee en horno precalentado a 190°C/350°F/termostato 4 durante 15 minutos hasta que esté cocido.

Mezclar los huevos, el azúcar moreno y la sal, incorporar el coco y las nueces y esparcir por la base. Hornee por 20 minutos hasta que estén dorados y firmes. Helado con glaseado de naranja mientras se enfría. Cortado en tiras.

Barras de sándwich con mermelada de coco

hacer 16

25 g de mantequilla o margarina

175 g de harina con levadura (con levadura)

225 g/8 oz/1 taza de azúcar glas (superfina).

2 yemas de huevo

75 ml/5 cucharadas de agua

175 g de coco seco (rallado)

4 claras de huevo

50 g/2 oz/½ taza de harina (para todo uso)

100 g de mermelada de fresa (de lata)

Frote la mantequilla o margarina con la harina con levadura y luego mezcle con los 50 g de azúcar. Batir las yemas de huevo y 3 cucharadas (45 ml) de agua y mezclar con la mezcla. Presiónelo en el fondo de un molde engrasado de 30 x 20 cm/12 x 8 cm y haga agujeros con un tenedor. Hornear en horno precalentado a 180°C/350°F/termostato 4 durante 12 minutos. Dejar enfriar.

Coloca en un cazo el coco, el resto del azúcar, el agua y una clara de huevo y remueve a fuego lento hasta que la mezcla quede grumosa y sin colorar. Dejar enfriar. Mezclar la harina común. Batir las claras restantes a punto de nieve e incorporarlas a la mezcla. Unta la mermelada sobre la base y luego extiende el relleno de coco. Hornee por 30 minutos hasta que estén dorados. Deje enfriar en la sartén antes de cortar en tiras.

Bandeja horneada de dátiles y manzanas

hacer 12

1 manzana cocida (tarta), pelada, sin corazón y cortada en trozos

8 oz / 11/3 tazas de dátiles (sin hueso), picados

150 ml/¼ pt/2/3 taza de agua

350 g/12 oz/3 tazas de avena

6 oz/¾ taza/175 g de mantequilla o margarina, derretida

45 ml/3 cucharadas de azúcar demerara

5 ml/1 cucharadita de canela molida

Coloca las manzanas, los dátiles y el agua en una cacerola y cocina a fuego lento durante unos 5 minutos hasta que las manzanas estén tiernas. Dejar enfriar. Combine avena, mantequilla o margarina, azúcar y canela. Vierta la mitad en un molde cuadrado de 20 cm engrasado y alise la superficie. Pincelar con la mezcla de manzana y dátil, cubrir con el resto de la mezcla de avena y alisar la superficie. Presione suavemente. Hornear en horno precalentado a 190°C/termostato 5 durante unos 30 minutos hasta que se doren. Dejar enfriar y luego cortar en rodajas.

Rodajas de dátiles

hacer 12

8 oz / 11/3 tazas de dátiles (sin hueso), picados

30 ml/2 cucharadas de miel clara

30 ml/2 cucharadas de jugo de limón

225 g de mantequilla o margarina

225 g de harina integral (integral).

225 g/8 oz/2 tazas de avena

75 g de azúcar moreno dulce

Hervir los dátiles, la miel y el jugo de limón durante unos minutos a fuego lento hasta que los dátiles estén blandos. Frote la mantequilla o margarina con la harina y la avena hasta que la mezcla parezca pan rallado, luego agregue el azúcar. Vierta la mitad de la mezcla en un molde para hornear cuadrado de 8/8 de pulgada engrasado y forrado. Vierta la mezcla de dátiles por encima y cubra con el resto de la mezcla del pastel. Presione firmemente. Hornee en horno precalentado a 190°C/375°F/termostato 5 durante 35 minutos hasta que esté suave al tacto. Déjelo enfriar en la sartén y luego córtelo en rodajas mientras aún esté caliente.

Barras de cotizaciones de la abuela

hacer 16

100 g/4 oz/½ taza de mantequilla o margarina, ablandada

225 g/8 oz/1 taza de azúcar moreno dulce

2 huevos, ligeramente batidos

175 g/6 oz/1½ taza de harina (para todo uso)

2,5 ml/½ cucharadita de bicarbonato de sodio (levadura en polvo)

5 ml/1 cucharadita de canela molida

Una pizca de clavo molido

Una pizca de nuez moscada rallada

175 g/6 oz/1 taza de dátiles sin hueso, picados

Mezcle la mantequilla o margarina y el azúcar hasta que esté suave y esponjosa. Agrega los huevos poco a poco, batiendo bien después de cada adición. Agregue los ingredientes restantes hasta que estén bien mezclados. Vierte la mezcla en un molde cuadrado de 23 cm/9 pulgadas engrasado y enharinado y hornea en horno precalentado a 180°C/350°F/termostato 4 durante 25 minutos hasta que al insertar un palillo en el centro, éste salga limpio. Dejar enfriar y luego cortar en rodajas.

Barras de dátiles y avena

hacer 16

175 g/6 oz/1 taza de dátiles sin hueso, picados

15 ml / 1 cucharada de miel transparente

30 ml/2 cucharadas de agua

225 g de harina integral (integral).

100 g/4 oz/1 taza de avena

100 g/4 oz/½ taza de azúcar moreno dulce

2/3 taza/5 oz/150 g de mantequilla o margarina, derretida

Hervir los dátiles, la miel y el agua en una cacerola pequeña hasta que estén blandos. Mezcle la harina, la avena y el azúcar y luego agregue la mantequilla o margarina derretida. Presione la mitad de la mezcla en un molde para hornear cuadrado engrasado de 18 cm, espolvoree con la mezcla de dátiles, cubra con la mezcla de avena restante y presione ligeramente. Hornee en horno precalentado a 180°C/350°F/termostato 4 durante 1 hora hasta que esté firme y dorado. Dejar enfriar en la sartén y cortar en tiras mientras aún está caliente.

Barras de dátiles y nueces

hacer 12

100 g/4 oz/½ taza de mantequilla o margarina, ablandada

150 g/5 oz/2/3 taza de azúcar granulada (superfina).

1 huevo, ligeramente batido

100 g de harina con levadura

8 oz / 11/3 tazas de dátiles (sin hueso), picados

100 g/4 oz/1 taza de nueces picadas

15 ml/1 cucharada de leche (opcional)

100 g de chocolate negro (semidulce)

Mezcle la mantequilla o margarina y el azúcar hasta que esté suave y esponjosa. Agrega el huevo, luego la harina, los dátiles y las nueces. Agrega un poco de leche si la mezcla está demasiado dura. Vierta la mezcla en un molde para hornear engrasado de 30 x 20 cm/12 x 8 cm y hornee en el horno precalentado a 180°C/termostato 4 durante 30 minutos hasta que esté elástico. Dejar enfriar.

Derrita el chocolate en un recipiente resistente al calor sobre una cacerola con agua hirviendo a fuego lento. Extender la mezcla y dejar enfriar y endurecer. Cortar en tiras con un cuchillo afilado.

palitos de higo

hacer 16

225 g de higos frescos picados

30 ml/2 cucharadas de miel clara

15 ml / 1 cucharada de jugo de limón

225 g de harina integral (integral).

225 g/8 oz/2 tazas de avena

225 g de mantequilla o margarina

75 g de azúcar moreno dulce

Hervir los higos, la miel y el jugo de limón a fuego lento durante 5 minutos. Dejar enfriar un poco. Mezcle la harina y la avena, agregue la mantequilla o margarina y agregue el azúcar. Presione la mitad de la mezcla en un molde para hornear cuadrado de 20 cm engrasado y vierta la mezcla de higos encima. Unte con la mezcla de pastel restante y presione firmemente. Hornear en horno precalentado a 180°C/350°F/termostato 4 durante 30 minutos hasta que se doren. Dejar enfriar en la sartén y cortar mientras aún está caliente.

Flapjacks

hacer 16

75 g de mantequilla o margarina

50 g/2 oz/3 cucharadas de almíbar dorado (maíz claro)

100 g/4 oz/½ taza de azúcar moreno dulce

175 g/6 oz/1½ taza de copos de avena

Derretir la mantequilla o margarina con el almíbar y el azúcar y luego agregar la avena. Colocar la mezcla en un molde cuadrado de 8/20 cm engrasado y hornear en el horno precalentado a 180°C/termostato 4 durante unos 20 minutos hasta que esté ligeramente dorado. Deje que se enfríe un poco antes de cortarlo en barras, luego déjelo enfriar completamente en la sartén antes de sacarlo de la sartén.

flapjacks de cereza

hacer 16

75 g de mantequilla o margarina

50 g/2 oz/3 cucharadas de almíbar dorado (maíz claro)

100 g/4 oz/½ taza de azúcar moreno dulce

175 g/6 oz/1½ taza de copos de avena

100 g de cerezas glaseadas (confitadas), picadas

Derretir la mantequilla o margarina con el almíbar y el azúcar y mezclar con la avena y las cerezas. Presione en un molde para hornear cuadrado de 20 cm (8") engrasado y hornee en un horno precalentado a 180°C/termostato 4 durante unos 20 minutos hasta que esté ligeramente dorado. Deje que se enfríe un poco antes de cortarlo en tiras y dejar que se enfríe completamente en el molde antes de desmoldar.

galletas de chocolate

hacer 16

75 g de mantequilla o margarina

50 g/2 oz/3 cucharadas de almíbar dorado (maíz claro)

100 g/4 oz/½ taza de azúcar moreno dulce

175 g/6 oz/1½ taza de copos de avena

100 g/4 oz/1 taza de chispas de chocolate

Derretir la mantequilla o margarina con el almíbar y el azúcar y mezclar con la avena y los trozos de chocolate. Introducir en un molde cuadrado de 20 cm engrasado y hornear en el horno precalentado a 180°C/termostato 4 durante unos 20 minutos hasta que esté ligeramente dorado. Dejar enfriar un poco antes de cortar en tiras y luego enfriar completamente en el horno. la sartén antes de desmoldarla.

Tartas de frutas

hacer 16

75 g de mantequilla o margarina

100 g/4 oz/½ taza de azúcar moreno dulce

50 g/2 oz/3 cucharadas de almíbar dorado (maíz claro)

175 g/6 oz/1½ taza de copos de avena

75 g de pasas, sultanas u otros frutos secos

Derretir la mantequilla o margarina con el azúcar y el almíbar y mezclar con la avena y las pasas. Presione en un molde para hornear cuadrado de 20 cm (8") engrasado y hornee en un horno precalentado a 180°C/termostato 4 durante unos 20 minutos hasta que esté ligeramente dorado. Deje que se enfríe un poco antes de cortarlo en tiras y dejar que se enfríe completamente en el molde antes de desmoldar.

Flaps de frutas y nueces

hacer 16

75 g de mantequilla o margarina

100 g/4 oz/1/3 taza de miel clara

50 gramos de pasas

50 g de nueces picadas

175 g/6 oz/1½ taza de copos de avena

Derretir la mantequilla o margarina con la miel a fuego lento. Combine las pasas, las nueces y la avena y mezcle bien. Vierte la mezcla en un molde cuadrado de 23 cm engrasado y hornea en el horno precalentado a 180°C/termostato 4 durante 25 minutos. Dejar enfriar en la sartén y cortar en tiras mientras aún está caliente.

Flapjacks de jengibre

hacer 16

75 g de mantequilla o margarina

100 g/4 oz/½ taza de azúcar moreno dulce

50 g/2 oz/3 cucharadas de almíbar de un tarro de jengibre

175 g/6 oz/1½ taza de copos de avena

4 piezas de jengibre de tallo, finamente picado

Derretir la mantequilla o margarina con el azúcar y el almíbar y mezclar con la avena y el jengibre. Introducir en un molde cuadrado de 20 cm engrasado y hornear en el horno precalentado a 180°C/termostato 4 durante unos 20 minutos hasta que esté ligeramente dorado. Dejar enfriar un poco antes de cortar en tiras y luego enfriar completamente en el horno. la sartén antes de desmoldarla.

flapjacks de nuez

hacer 16

75 g de mantequilla o margarina

50 g/2 oz/3 cucharadas de almíbar dorado (maíz claro)

100 g/4 oz/½ taza de azúcar moreno dulce

175 g/6 oz/1½ taza de copos de avena

100 g/4 oz/1 taza de nueces mixtas picadas

Derretir la mantequilla o margarina con el almíbar y el azúcar y mezclar con la avena y las nueces. Introducir en un molde cuadrado de 20 cm engrasado y hornear en el horno precalentado a 180°C/termostato 4 durante unos 20 minutos hasta que esté ligeramente dorado. Dejar enfriar un poco antes de cortar en tiras y luego enfriar completamente en el horno. la sartén antes de desmoldarla.

Galletas crujientes de mantequilla de limón

hacer 16

100 g/4 oz/1 taza de harina común (para todo uso)

100 g/4 oz/½ taza de mantequilla o margarina, ablandada

75 g/½ taza de azúcar glas (azúcar glas), tamizada

2,5 ml/½ cucharadita de levadura en polvo

Una pizca de sal

30 ml/2 cucharadas de jugo de limón

10 ml/2 cucharaditas de piel de limón rallada

Mezclar la harina, la mantequilla o margarina, el azúcar glas y la levadura. Presiónelo en un molde cuadrado de 23 cm engrasado y hornee en el horno precalentado a 180 °C/termostato 4 durante 20 minutos.

Combine los ingredientes restantes y bata hasta que estén suaves y esponjosos. Vierta el caldo caliente, reduzca la temperatura del horno a 160°C/325°F/termostato 3 y colóquelo en el horno otros 25 minutos hasta que esté suave al tacto. Dejar enfriar y luego cortar en cuadritos.

Baldosas de ante y coco

hacer 20

1 huevo

100 g/4 oz/½ taza de azúcar glas (superfina).

100 g/4 oz/1 taza de harina común (para todo uso)

10 ml / 2 cucharadas de levadura en polvo

Una pizca de sal

75 ml/5 cucharadas de leche

75 g/3 oz/1/3 taza de mantequilla o margarina, derretida

15 ml/1 cucharada de cacao en polvo (chocolate sin azúcar).

2,5 ml/½ cucharadita de esencia de vainilla (extracto)

Adornar:

75 g/½ taza de azúcar glas (azúcar glas), tamizada

2 oz/¼ taza/50 g de mantequilla o margarina, derretida

45 ml/3 cucharadas de café negro fuerte y caliente

15 ml/1 cucharada de cacao en polvo (chocolate sin azúcar).

2,5 ml/½ cucharadita de esencia de vainilla (extracto)

25 g de coco seco (rallado)

Mezclar los huevos y el azúcar hasta que estén suaves y esponjosos. Agrega la harina, la levadura en polvo y la sal alternando con la leche y la mantequilla o margarina derretida. Agrega el cacao y la esencia de vainilla. Vierta la mezcla en un molde para hornear cuadrado de 20 cm engrasado y hornee en el horno precalentado a 200°C/termostato 6 durante 15 minutos hasta que esté bien inflado y elástico al tacto.

Para hacer el relleno, combine el azúcar glass, la mantequilla o margarina, el café, el cacao y la esencia de vainilla. Extiéndela sobre el hot cake y espolvorea con coco. Déjalo enfriar en el molde, desmoldalo y córtalo en cuadritos.

Hola muñecas Dolly

hacer 16

100 g/4 oz/½ taza de mantequilla o margarina

100g/4oz/1 taza de galletas digestivas

(Migas de galleta Graham

100 g/4 oz/1 taza de chispas de chocolate

100 g de coco seco (rallado)

100 g/4 oz/1 taza de nueces picadas

400 g/14 oz/1 lata grande de leche condensada

Derrita la mantequilla o margarina y mezcle con las migas de galleta. Presione la mezcla en el fondo de un molde para hornear de 28 x 18 cm/11 x 7 cm engrasado y forrado con papel de aluminio. Espolvoreo encima las chispas de chocolate, luego el coco y finalmente las nueces. Vierte la leche condensada y hornea en horno precalentado a 180°C/termostato 4 durante 25 minutos. Cortar mientras aún está caliente y dejar enfriar por completo.

Barras de coco y chocolate

hacer 12

75 g/3 oz/¾ taza de chocolate con leche

75 g de chocolate negro (semidulce)

75 g de mantequilla de maní crujiente

3 oz/¾ taza/75 g de migas de galleta digestiva (galletas Graham)

3 oz/¾ taza de nueces molidas

75 g de coco seco (rallado)

75 gramos de chocolate blanco

Derrita el chocolate con leche en un recipiente resistente al calor sobre una cacerola con agua hirviendo a fuego lento. Engrasar el fondo de un molde cuadrado de 23 cm de diámetro y dejar endurecer.

Derrita suavemente el chocolate amargo y la mantequilla de maní a fuego lento, luego agregue las migas de galleta, las nueces y el coco. Unte sobre el chocolate endurecido y refrigere hasta que esté duro.

Derrita el chocolate blanco en un recipiente resistente al calor sobre una cacerola con agua hirviendo a fuego lento. Espolvorea las galletas siguiendo un patrón y déjalas endurecer antes de cortarlas en barras.

Cajas de avellanas

hacer 12

75 g de chocolate negro (semidulce)

2 oz/¼ taza/50 g de mantequilla o margarina

100 g/4 oz/½ taza de azúcar glas (superfina).

2 huevos

5 ml/1 cucharadita de esencia de vainilla (extracto)

75 g/3 oz/¾ taza de harina (para todo uso)

2,5 ml/½ cucharadita de levadura en polvo

100 g/4 oz/1 taza de nueces mixtas picadas

Derrita el chocolate en un recipiente resistente al calor sobre una cacerola con agua hirviendo a fuego lento. Agregue la mantequilla hasta que se derrita y luego agregue el azúcar. Retirar del fuego y mezclar los huevos y el extracto de vainilla. Mezclar la harina, el polvo para hornear y las nueces. Vierte la mezcla en un molde cuadrado de 25 cm y hornea en horno precalentado a 180°C/termostato 4 durante 15 minutos hasta que se dore. Córtalo en cuadritos mientras aún esté caliente.

nueces naranjas

hacer 16

375 g/13 oz/3¼ tazas de harina común (para todo uso)

275 g/10 oz/1¼ tazas de azúcar glas (superfina).

5 ml/1 cucharada de levadura en polvo

75 g de mantequilla o margarina

2 huevos batidos

175 ml/6 fl oz/¾ taza de leche

1 lata pequeña de mandarinas, 200 g, escurridas y picadas en trozos grandes

100 g/4 oz/1 taza de nueces pecanas picadas

Piel fina de 2 naranjas

10 ml/2 cucharaditas de canela molida

Mezclar 325 g de harina, 225 g de azúcar y levadura en polvo. Derrita ¼ de taza/2 oz/50 g de mantequilla o margarina y mezcle los huevos y la leche. Mezcle suavemente el líquido con los ingredientes secos hasta que quede suave. Mezclar las mandarinas, las nueces y la piel de naranja. Vierta la mezcla en un molde de 12 x 8 pulgadas engrasado y forrado. Frote el resto de la harina, el azúcar, la mantequilla y la canela y espolvoree sobre el bizcocho. Hornear en horno precalentado a 180°C/termostato 4 durante 40 minutos hasta que se doren. Dejar enfriar en el molde y cortar en unas 16 rodajas.

el parque

Hace 16 cuadrados

100 g de lomo de cerdo (corto)

100 g/4 oz/½ taza de mantequilla o margarina

75 g de azúcar moreno dulce

100 g/4 oz/1/3 taza de almíbar dorado (maíz claro)

100 g/4 oz/1/3 taza de almíbar oscuro (melaza)

10 ml/2 cucharaditas de bicarbonato de sodio (levadura en polvo)

150 ml/¼ pt/2/3 taza de leche

225 g de harina integral (integral).

225 g/8 oz/2 tazas de avena

10 ml/2 cucharadita de jengibre molido

2,5 ml/½ cucharadita de sal

Derretir en una sartén la mantequilla, la mantequilla o margarina, el azúcar, el almíbar y la melaza. Disolver el bicarbonato de sodio en la leche y mezclarlo en la sartén con el resto de los ingredientes. Vierta la mezcla en un molde para hornear cuadrado de 20 cm/8 pulgadas engrasado y forrado y hornee en el horno precalentado a 160°C/termostato 3 durante 1 hora hasta que cuaje. Puede colapsar en el medio. Déjalo enfriar y luego guárdalo por un tiempo. varios días en un recipiente hermético antes de cortarlo y servirlo.

Barras de mantequilla de cacahuete

hacer 16

100 g de mantequilla o margarina

175 g/6 oz/1¼ taza de harina (para todo uso)

175 g de azúcar moreno dulce

75 g de mantequilla de maní

Una pizca de sal

1 yema de huevo pequeña, batida

2,5 ml/½ cucharadita de esencia de vainilla (extracto)

100 g de chocolate negro (semidulce)

2 oz/50 g de hojuelas de arroz inflado

Frote la mantequilla o margarina con la harina hasta que la mezcla parezca pan rallado. Mezclar el azúcar, 2 cucharadas/30 ml de mantequilla de maní y la sal. Agrega la yema de huevo y la esencia de vainilla y mezcla hasta que estén bien combinados. Presione en un molde cuadrado de 25 cm/10 pulgadas. Hornee en horno precalentado a 160°C/325°F/termostato 3 durante 30 minutos hasta que esté hinchado y elástico al tacto.

Derrita el chocolate en un recipiente resistente al calor sobre una cacerola con agua hirviendo a fuego lento. Retire del fuego y agregue la mantequilla de maní restante. Agrega el cereal y mezcla bien hasta cubrir con la mezcla de chocolate. Verter el bizcocho y alisar la superficie. Dejar enfriar, colocar en el frigorífico y cortar en tiras.

Señales de picnic

hacer 12

225 g de chocolate negro (semidulce).

2 oz/¼ taza/50 g de mantequilla o margarina, ablandada

100 g de azúcar granulada

1 huevo, ligeramente batido

100 g de coco seco (rallado)

50 g de pasas (pasas doradas)

2 oz/50 g/¼ taza de cerezas glaseadas (confitadas), picadas

Derrita el chocolate en un recipiente resistente al calor sobre una cacerola con agua hirviendo a fuego lento. Viértelo en el fondo de un molde para panecillos suizos de 30 x 20 cm / 12 x 8 engrasado y forrado. Mezcle la mantequilla o margarina y el azúcar hasta que esté suave y esponjosa. Agrega el huevo poco a poco y luego mezcla el coco, las pasas y las cerezas. Untar el chocolate por encima y hornear en horno precalentado a 150°C/termostato 3 durante 30 minutos hasta que se dore. Dejar enfriar y luego cortar en rodajas.

Se sirvieron piña y coco.

hacer 20

1 huevo

100 g/4 oz/½ taza de azúcar glas (superfina).

75 g/3 oz/¾ taza de harina (para todo uso)

5 ml/1 cucharada de levadura en polvo

Una pizca de sal

75 ml/5 cucharadas de agua

Adornar:

200 g/1 lata pequeña de piña, escurrida y picada

25 g de mantequilla o margarina

50 g/2 oz/¼ taza de azúcar granulada (superfina).

1 yema de huevo

25 g de coco seco (rallado)

5 ml/1 cucharadita de esencia de vainilla (extracto)

Batir los huevos y el azúcar hasta que estén claros y pálidos. Agrega la harina, la levadura en polvo y la sal alternando con el agua. Vierta la mezcla en un molde cuadrado de 18 cm engrasado y enharinado y hornee en el horno precalentado a 200°C/termostato 6 durante 20 minutos hasta que esté bien inflado y elástico al tacto. Coloca la piña sobre el hot cake. Calienta el resto de los ingredientes del relleno en una cacerola pequeña a fuego lento, revolviendo constantemente, hasta que estén bien combinados, pero no dejes que la mezcla hierva. Vierte la piña encima y coloca el bizcocho en el horno por otros 5 minutos, hasta que la cobertura esté dorada. Deje enfriar en la sartén durante 10 minutos,

Pastel de levadura de ciruela

hacer 16

15 g de levadura fresca o 20 ml de levadura seca

50 g/2 oz/¼ taza de azúcar granulada (superfina).

¼ pt/150 ml/2/3 taza de leche tibia

2 oz/¼ taza/50 g de mantequilla o margarina, derretida

1 huevo

1 yema de huevo

2¼ tazas/9 oz/250 g de harina (para todo uso)

5 ml/1 cucharadita de piel de limón finamente rallada

675 g de ciruelas, cortadas en cuartos y sin hueso (sin hueso)

Azúcar glas, tamizada, para espolvorear

canela molida

Mezclar la levadura con 5 ml/1 cucharada de azúcar y un poco de leche tibia y dejar en un lugar cálido 20 minutos hasta que forme espuma. Batir el resto del azúcar y la leche con la mantequilla o margarina derretida, el huevo y la yema. Mezclar la harina y la ralladura de limón en un bol y hacer un hueco en el centro. Incorpora poco a poco la mezcla de levadura y la mezcla de huevo hasta obtener una masa suave. Batir hasta que la masa esté muy suave y comiencen a formarse burbujas en la superficie. Presione suavemente en un molde cuadrado de 25 cm (10 ") engrasado y enharinado. Coloque las ciruelas firmemente sobre la masa. Cubra con film transparente engrasado (film plástico) y déjelo reposar en un lugar cálido durante 1 hora hasta que duplique su tamaño. Hornee en un horno precalentado. Hornear a 200°C/termostato 6, luego reducir inmediatamente la temperatura del horno a 190°C/375°F/termostato 5 y cocinar por 45 minutos, reducir la temperatura del horno nuevamente a 180°C/350°F/termostato 4 y hornear. por otros 15 minutos hasta que se dore, mientras aún caliente espolvorea el bizcocho con azúcar glas y canela, deja enfriar y corta en cuadritos.

Barras de calabaza americana

hacer 20

2 huevos

175 g de azúcar glas (superfino).

120 mililitros de aceite

225 g de calabaza cocida cortada en cubitos

100 g/4 oz/1 taza de harina común (para todo uso)

5 ml/1 cucharada de levadura en polvo

5 ml/1 cucharadita de canela molida

2,5 ml/½ cucharadita de bicarbonato de sodio (levadura en polvo)

50 g de pasas (pasas doradas)

Glaseado de Queso Crema

Batir los huevos hasta que estén suaves y espumosos, luego mezclar el azúcar y el aceite y agregar la calabaza. Batir la harina, el polvo para hornear, la canela y el bicarbonato de sodio hasta que estén bien combinados. Toca a los sultanes. Vierte la mezcla en un molde desmontable de 30 x 20 cm/12 x 8 cm engrasado y enharinado y hornea en horno precalentado a 180°C/termostato 4 durante 30 minutos hasta que al insertar un palillo en el centro, éste salga limpio. Dejar enfriar, untar con glaseado de queso crema y cortar en barras.

Barritas de membrillo y almendras

hacer 16

450 g de membrillo

50 g de lomo de cerdo (corto)

2 oz/¼ taza/50 g de mantequilla o margarina

100 g/4 oz/1 taza de harina común (para todo uso)

30 ml/2 cucharadas de azúcar granulada (superfina).

Unos 30 ml / 2 cucharadas de agua

Para el llenado:

75 g/3 oz/1/3 taza de mantequilla o margarina, ablandada

100 g/4 oz/½ taza de azúcar glas (superfina).

2 huevos

Unas gotas de esencia de almendras (extracto)

100 g/4 oz/1 taza de almendras molidas

25 g/1 oz/¼ taza de harina común (para todo uso)

50 g/2 oz/½ taza de hojuelas de almendras

Pelar, quitar las semillas y picar finamente los membrillos. Ponlo en un frasco y cúbrelo solo con agua. Llevar a ebullición y cocinar durante unos 15 minutos hasta que esté cocido. Escurrir el exceso de agua.

Frote la manteca de cerdo y la mantequilla o margarina con la harina hasta que la mezcla parezca pan rallado. Incorpora el azúcar. Agregue suficiente agua para hacer una masa suave, luego colóquela sobre una superficie ligeramente enharinada y cubra el fondo y los lados de un molde de 12x8/12x8 pulgadas. Pínchalo con un tenedor. Acomoda los membrillos sobre la masa con una espumadera.

Mezclar la mantequilla o margarina y el azúcar y agregar poco a poco los huevos y la esencia de almendras. Agrega las almendras molidas y la harina y vierte sobre los membrillos. Espolvorear sobre las almendras laminadas y hornear en horno precalentado a 180°C/termostato 4 durante 45 minutos hasta que estén firmes y doradas. Una vez enfriado, córtelo en cuadritos.

barras de pasas

hacer 12

175 gramos de pasas

250ml/8oz/1 taza de agua

75 ml/5 cucharadas de aceite

225 g/8 oz/1 taza de azúcar glas (superfina).

1 huevo, ligeramente batido

200 g/7 oz/1¾ taza de harina (para todo uso)

1,5 ml/¼ cucharadita de sal

5 ml/1 cucharadita de bicarbonato de sodio (levadura en polvo)

5 ml/1 cucharadita de canela molida

2,5 ml/½ cucharadita de nuez moscada rallada

2,5 ml/½ cucharadita de pimienta molida

Una pizca de clavo molido

50 g/2 oz/½ taza de chispas de chocolate

50 g de nueces picadas

2 cucharadas / 30 ml de azúcar glas (repostería), tamizada

Hervir las pasas y el agua, luego agregar el aceite, retirar del fuego y dejar enfriar un poco. Incorpora el azúcar granulada y los huevos. Mezcla la harina, la sal, el bicarbonato de sodio y las especias. Agrega la mezcla de pasas, luego las chispas de chocolate y las nueces. Vierta la mezcla en un molde para hornear cuadrado de 30 cm engrasado y hornee en el horno precalentado a 190°C/termostato 5 durante 25 minutos hasta que el bizcocho comience a encogerse por los lados del molde. Deje enfriar antes de espolvorear con azúcar glas y cortar en barras.

Cuadritos de avena con frambuesas

hacer 12

175 g/6 oz/¾ taza de mantequilla o margarina

225 g de harina con levadura (con levadura)

5 ml/1 cucharada de sal

175 g/6 oz/1½ taza de copos de avena

175 g de azúcar glas (superfino).

300 g de lata de frambuesas medianas, escurridas

Frote la mantequilla o margarina con la harina y la sal y mezcle con la avena y el azúcar. Presione la mitad de la mezcla en un molde cuadrado de 10/25 cm engrasado. Dividir las frambuesas por encima, cubrir con el resto de la mezcla y presionar firmemente. Hornear en horno precalentado a 200°C/400°F/termostato 6 durante 20 minutos. Deje enfriar un poco en la sartén antes de cortar en cuadritos.

merengues de canela

hacer 24

75 g/½ taza de azúcar glas (azúcar glas), tamizada

100 g/4 oz/1 taza de harina común (para todo uso)

100 g/4 oz/½ taza de mantequilla o margarina, ablandada

1 huevo

225 g/8 oz/2/3 taza de mermelada (fruta enlatada)

2 claras de huevo

100 g/4 oz/½ taza de azúcar glas (superfina).

2,5 ml/½ cucharadita de canela molida

Mezclar el azúcar glas, la harina, la mantequilla o margarina y los huevos. Presione la mezcla en el fondo de un molde cuadrado de 25 cm engrasado y hornee en el horno precalentado a 180°C/termostato 4 durante 10 minutos. Retirar del horno y esparcir la mermelada por encima. Batir las claras hasta que se formen picos suaves y mezclar con el azúcar granulada y la canela hasta que estén firmes y brillantes. Untamos la mermelada por encima y volvemos a meter al horno durante 25 minutos hasta que se dore. Dejar enfriar y luego cortar en cuadritos.

glaseado glaseado

Suficiente para cubrir una tarta de 20 cm.

2/3 taza/4 oz/100 g de azúcar granulada (azúcar glas), tamizada

25-30 ml/1½-2 cucharadas de agua

Unas gotas de colorante alimentario (opcional)

Echa el azúcar en un bol y mézclalo con el agua poco a poco hasta que el glaseado quede homogéneo. Colorea con unas gotas de colorante alimentario si lo deseas. El glaseado es opaco cuando se extiende sobre galletas frías o translúcido cuando se extiende sobre galletas calientes.

Glaseado de café helado

Suficiente para cubrir una tarta de 20 cm.

2/3 taza/4 oz/100 g de azúcar granulada (azúcar glas), tamizada

25–30 ml/1½–2 cucharadas de café negro muy fuerte

Vierta el azúcar en un bol y mezcle gradualmente con el café hasta que el glaseado esté suave.

glaseado de limon

Suficiente para cubrir una tarta de 20 cm.

2/3 taza/4 oz/100 g de azúcar granulada (azúcar glas), tamizada

25-30 ml/1½-2 cucharadas de jugo de limón

Ralladura fina de 1 limón

Coloca el azúcar en un bol y mezcla el jugo y la ralladura de limón poco a poco hasta que el glaseado quede homogéneo.

glaseado de naranja

Suficiente para cubrir una tarta de 20 cm.

2/3 taza/4 oz/100 g de azúcar granulada (azúcar glas), tamizada

25–30 ml/1½–2 cucharadas de zumo de naranja

ralladura fina de 1 naranja

Coloca el azúcar en un bol y mezcla el jugo de naranja y la ralladura poco a poco hasta que el glaseado quede suave.

Glaseado de ron congelado

Suficiente para cubrir una tarta de 20 cm.

2/3 taza/4 oz/100 g de azúcar granulada (azúcar glas), tamizada

25-30 ml/1½-2 cucharadas de ron

Coloque el azúcar en un bol y agregue gradualmente el ron hasta que el glaseado esté suave.

Glaseado de vainilla congelado

Suficiente para cubrir una tarta de 20 cm.

2/3 taza/4 oz/100 g de azúcar granulada (azúcar glas), tamizada

25 ml / 1½ cucharada de agua

Unas gotas de esencia de vainilla (extracto)

Coloca el azúcar en un bol y mezcla el agua y la esencia de vainilla poco a poco hasta que el helado quede suave.

Glaseado de chocolate al horno

Suficiente para cubrir un pastel de 9 pulgadas

275 g/10 oz/1¼ tazas de azúcar glas (superfina).

100 g de chocolate negro (semidulce)

50 g/2 oz/¼ taza de cacao en polvo (chocolate sin azúcar)

120 ml/4 oz/½ taza de agua

Lleva todos los ingredientes a ebullición, revolviendo hasta que estén bien mezclados. Cocine a fuego medio a 108°C/220°F o hasta que se forme un hilo largo al tirar entre dos cucharaditas. Vierta la mezcla en un tazón grande y bata hasta que esté espesa y brillante.

Relleno de chocolate y coco

Suficiente para cubrir un pastel de 9 pulgadas

175 g de chocolate negro (semidulce)

90 ml/6 cucharadas de agua hirviendo

225 g/8 oz/2 tazas de coco seco (rallado)

Muele el chocolate y el agua en una licuadora o procesador de alimentos, luego agrega el coco y licúa hasta que quede suave. Espolvoree las galletas simples encima mientras aún estén calientes.

cobertura de caramelo

Suficiente para cubrir un pastel de 9 pulgadas

2 oz/¼ taza/50 g de mantequilla o margarina

45 ml/3 cucharadas de cacao en polvo (chocolate sin azúcar).

60 ml/4 cucharadas de leche

2½ tazas/15 oz/425 g de azúcar glas (azúcar glas), tamizada

5 ml/1 cucharadita de esencia de vainilla (extracto)

Derrita la mantequilla o margarina en una cacerola pequeña y agregue el cacao y la leche. Llevar a ebullición, revolviendo constantemente, luego retirar del fuego. Agrega el azúcar y la esencia de vainilla poco a poco y bate hasta que quede suave.

Relleno de queso crema dulce

Suficiente para cubrir un pastel de 12 pulgadas

100 g/4 oz/½ taza de queso crema

25 g/1 oz/2 cucharadas de mantequilla o margarina, ablandada

2 tazas/12 oz/350 g de azúcar glas (azúcar glas), tamizada

5 ml/1 cucharadita de esencia de vainilla (extracto)

30 ml/2 cucharadas de miel clara (opcional)

Batir el queso crema y la mantequilla o margarina hasta que esté suave y esponjoso. Incorpora poco a poco el azúcar y la esencia de vainilla hasta que quede suave. Endulzar con un poco de miel si es necesario.

Esmalte de terciopelo americano

Suficiente para cubrir dos pasteles de 9 pulgadas

175 g de chocolate negro (semidulce)

120 ml / 4 fl oz / ½ taza de crema agria (ácido láctico)

5 ml/1 cucharadita de esencia de vainilla (extracto)

Una pizca de sal

400 g de azúcar glas (azúcar glas), tamizada

Derrita el chocolate en un recipiente resistente al calor sobre una cacerola con agua hirviendo a fuego lento. Retirar del fuego y mezclar la nata, el extracto de vainilla y la sal. Incorpora poco a poco el azúcar hasta que quede suave.

glaseado de crema de mantequilla

Suficiente para cubrir un pastel de 9 pulgadas

2 oz/¼ taza/50 g de mantequilla o margarina, ablandada

250 g de azúcar glas (azúcar glas), tamizada

5 ml/1 cucharadita de esencia de vainilla (extracto)

30 ml/2 cucharadas de nata (light)

Batir la mantequilla o margarina hasta que quede suave y mezclar gradualmente con el azúcar, la esencia de vainilla y la nata hasta que quede suave y cremosa.

glaseado de caramelo

Suficiente para llenar y cubrir un pastel de 9 pulgadas

100 g/4 oz/½ taza de mantequilla o margarina

225 g/8 oz/1 taza de azúcar moreno dulce

60 ml/4 cucharadas de leche

2 tazas/12 oz/350 g de azúcar glas (azúcar glas), tamizada

Derrita la mantequilla o margarina y el azúcar a fuego lento, revolviendo constantemente, hasta que se combinen. Agrega la leche y deja que hierva. Retirar del fuego y dejar enfriar. Batir el azúcar glas hasta obtener una consistencia untable.

glaseado de limon

Suficiente para cubrir un pastel de 9 pulgadas

25 g de mantequilla o margarina

5 ml/1 cucharada de piel de limón rallada

30 ml/2 cucharadas de jugo de limón

250 g de azúcar glas (azúcar glas), tamizada

Mezcle la mantequilla o margarina y la ralladura de limón hasta que esté suave y esponjosa. Incorpora poco a poco el jugo de limón y el azúcar hasta que quede suave.

Glaseado de crema de café y mantequilla

Suficiente para llenar y cubrir un pastel de 9 pulgadas
1 clara de huevo

75 g/3 oz/1/3 taza de mantequilla o margarina, ablandada

30 ml/2 cucharadas de leche tibia

5 ml/1 cucharadita de esencia de vainilla (extracto)

15 ml/1 cucharada de café instantáneo granulado

Una pizca de sal

2 tazas/12 oz/350 g de azúcar glas (azúcar glas), tamizada

Mezclar la clara de huevo, la mantequilla o margarina, la leche caliente, el extracto de vainilla, el café y la sal. Incorpora poco a poco el azúcar glas hasta que quede suave.

Glaseado Lady Baltimore

Suficiente para llenar y cubrir un pastel de 9 pulgadas

1/3 taza/2 oz/50 g de pasas, picadas

2 oz/50 g/¼ taza de cerezas glaseadas (confitadas), picadas

2 oz/½ taza/50 g de nueces pecanas picadas

25 g/1 oz/3 cucharadas de higos secos picados

2 claras de huevo

350 g/12 oz/1½ tazas de azúcar granulada (superfina).

Un chorrito de crémor tártaro

75 ml/5 cucharadas de agua fría

Una pizca de sal

5 ml/1 cucharadita de esencia de vainilla (extracto)

Combine pasas, cerezas, nueces e higos. Batir las claras de huevo, el azúcar, el crémor tártaro, el agua y la sal en un recipiente resistente al calor sobre una cacerola con agua hirviendo a fuego lento durante unos 5 minutos hasta que se formen picos rígidos. Retirar del fuego y agregar la esencia de vainilla. Mezcla la fruta con un tercio del glaseado y úsala para rellenar el bizcocho. Luego esparce el resto por la parte superior y los lados del pastel.

esmalte blanco

Suficiente para cubrir un pastel de 9 pulgadas

225 g/8 oz/1 taza de azúcar granulada

1 clara de huevo

30 ml/2 cucharadas de agua

15 ml/1 cucharada de almíbar dorado (maíz claro)

Mezcle el azúcar, la clara de huevo y el agua en un recipiente resistente al calor sobre una cacerola con agua hirviendo a fuego lento. Continúe batiendo por hasta 10 minutos hasta que la mezcla se espese y forme picos rígidos. Retirar del fuego y agregar el almíbar. Sigue batiendo hasta obtener una consistencia amplia.

Glaseado blanco cremoso

Suficiente para llenar y cubrir un pastel de 9 pulgadas

75 ml/5 cucharadas de nata (light)

5 ml/1 cucharadita de esencia de vainilla (extracto)

75 gramos de queso crema

2 cucharadas/10 ml de mantequilla o margarina, ablandada

Una pizca de sal

2 tazas/12 oz/350 g de azúcar glas (azúcar glas), tamizada

Mezclar la nata, la esencia de vainilla, el queso crema, la mantequilla o margarina y la sal hasta formar una pasta homogénea. Incorpora poco a poco el azúcar glas hasta que quede suave.

glaseado blanco esponjoso

Suficiente para llenar y cubrir un pastel de 9 pulgadas

2 claras de huevo

350 g/12 oz/1½ tazas de azúcar granulada (superfina).

Un chorrito de crémor tártaro

75 ml/5 cucharadas de agua fría

Una pizca de sal

5 ml/1 cucharadita de esencia de vainilla (extracto)

Batir las claras de huevo, el azúcar, el crémor tártaro, el agua y la sal en un recipiente resistente al calor sobre una cacerola con agua hirviendo a fuego lento durante unos 5 minutos hasta que se formen picos rígidos. Retirar del fuego y agregar la esencia de vainilla. Úselo para doblar el pastel y esparcir el resto sobre la parte superior y los lados del pastel.

glaseado marrón

Suficiente para cubrir un pastel de 9 pulgadas

225 g/8 oz/1 taza de azúcar moreno dulce

1 clara de huevo

30 ml/2 cucharadas de agua

5 ml/1 cucharadita de esencia de vainilla (extracto)

Mezcle el azúcar, la clara de huevo y el agua en un recipiente resistente al calor sobre una cacerola con agua hirviendo a fuego lento. Continúe batiendo por hasta 10 minutos hasta que la mezcla se espese y forme picos rígidos. Retirar del fuego y agregar la esencia de vainilla. Sigue batiendo hasta obtener una consistencia amplia.

Cobertura de vainilla

Suficiente para llenar y cubrir un pastel de 9 pulgadas
1 clara de huevo

75 g/3 oz/1/3 taza de mantequilla o margarina, ablandada

30 ml/2 cucharadas de leche tibia

5 ml/1 cucharadita de esencia de vainilla (extracto)

Una pizca de sal

2 tazas/12 oz/350 g de azúcar glas (azúcar glas), tamizada

Mezclar la clara de huevo, la mantequilla o margarina, la leche caliente, la esencia de vainilla y la sal. Incorpora poco a poco el azúcar glas hasta que quede suave.

crema de vainilla

Para 1 cuarto de galón/2½ tazas/600 ml

100 g/4 oz/½ taza de azúcar glas (superfina).

50 g/2 oz/¼ taza de harina de maíz (maicena)

4 yemas de huevo

600 ml/1 pt/2½ tazas de leche

1 vaina de vainilla (vaina)

Azúcar glas, tamizada, para espolvorear

Batir la mitad del azúcar con la harina de maíz y las yemas de huevo hasta que estén bien combinados. Hervir el resto del azúcar y la leche con la vaina de vainilla. Batir la mezcla de azúcar con la leche caliente y luego volver a hervir, batiendo continuamente durante 3 minutos hasta que espese. Vierte en un bol, espolvorea con azúcar glas para evitar que se forme piel y deja enfriar. Batir nuevamente antes de usar.

Relleno de crema pastelera

Suficiente para llenar un pastel de 9 pulgadas

325 ml/11 oz/11/3 tazas de leche

45 ml/3 cucharadas de maicena (maicena)

60 g de azúcar glas (superfino).

1 huevo

15 ml/1 cucharada de mantequilla o margarina

5 ml/1 cucharadita de esencia de vainilla (extracto)

Mezclar 30 ml/2 cucharadas de leche con la harina de maíz, el azúcar y los huevos. Lleve la leche restante en una cacerola pequeña justo por debajo del punto de ebullición. Incorpora poco a poco la leche caliente a la mezcla de huevo. Enjuaga la olla, vierte la mezcla en la sartén y revuelve a fuego lento hasta que espese. Agrega mantequilla o margarina y esencia de vainilla. Cubrir con papel pergamino (papel encerado) y dejar enfriar.

relleno de crema danesa

Para 1¼ tazas/750 ml

2 huevos

50 g/2 oz/¼ taza de azúcar granulada (superfina).

50 g/2 oz/½ taza de harina (para todo uso)

600 ml/1 pt/2½ tazas de leche

¼ de vaina de vainilla (vaina)

Mezcle los huevos y el azúcar hasta obtener una mezcla espesa. Agrega la harina poco a poco. Hervir la leche y la vaina de vainilla. Retire la vaina de vainilla y agregue la leche a la mezcla de huevo. Regrese a la sartén y cocine a fuego lento durante 2-3 minutos, revolviendo constantemente. Dejar enfriar antes de usar.

Rico relleno de natillas danesas

Para 1¼ tazas/750 ml

4 yemas de huevo

30 ml/2 cucharadas de azúcar granulada

25 ml/1½ cucharadas de harina común (para todo uso)

10 ml / 2 cucharadas de fécula de patata

450 ml/¾ pt/2 tazas de crema espesa (ligera)

Unas gotas de esencia de vainilla (extracto)

¼ pt/2/3 taza/150 ml de crema doble (espesa), batida

Mezclar en una ollita las yemas, el azúcar, la harina y la nata. Batir a fuego medio hasta que la mezcla comience a espesarse. Agrega la esencia de vainilla y deja enfriar. Incorpora la crema batida.

natilla

Para 1¼ taza/½ pt/300 ml

2 huevos, separados

45 ml/3 cucharadas de maicena (maicena)

300 ml/½ pt/1¼ taza de leche

Unas gotas de esencia de vainilla (extracto)

50 g/2 oz/¼ taza de azúcar granulada (superfina).

Combine las yemas de huevo, la harina de maíz y la leche en una cacerola pequeña hasta que estén bien mezclados. Llevar a ebullición a fuego medio y cocinar por 2 minutos, revolviendo constantemente. Agrega la esencia de vainilla y deja enfriar.

Batir las claras a punto de nieve, luego añadir la mitad del azúcar y volver a batir hasta que se formen picos firmes. Incorpora el resto del azúcar. Batir la mezcla de nata y colocarla en el frigorífico hasta que esté lista para usar.

Relleno de crema de jengibre

Suficiente para llenar un pastel de 9 pulgadas

100 g/4 oz/½ taza de mantequilla o margarina, ablandada

450 g de azúcar glas (azúcar glas), tamizada

5 ml/1 cucharadita de jengibre molido

30 ml/2 cucharadas de leche

75 g/3 oz/¼ taza de almíbar oscuro (melaza)

Batir la mantequilla o margarina con el azúcar y el jengibre hasta que esté suave y cremosa. Agregue gradualmente la leche y el almíbar hasta que quede suave y untable. Si el relleno queda demasiado fino, añade un poco más de azúcar.

guarnición de limón

Rinde 8 onzas líquidas/1 taza/250 ml

100 g/4 oz/½ taza de azúcar glas (superfina).

30 ml/2 cucharadas de harina de maíz (maicena)

60 ml/4 cucharadas de jugo de limón

15 ml / 1 cucharada de piel de limón rallada

120 ml/4 oz/½ taza de agua

Una pizca de sal

15 ml/1 cucharada de mantequilla o margarina

Combine todos los ingredientes excepto la mantequilla o la margarina en una cacerola pequeña a fuego lento y revuelva suavemente hasta que estén bien combinados. Llevar a ebullición y cocinar durante 1 minuto. Mezclar la mantequilla o margarina y dejar enfriar. Dejar enfriar antes de usar.

Glaseado de chocolate

Suficiente para glasear un pastel de 10 pulgadas

2 oz/½ taza/50 g de chocolate amargo (semidulce), picado

2 oz/¼ taza/50 g de mantequilla o margarina

2,5 ml/½ cucharadita de esencia de vainilla (extracto)

75 ml/5 cucharadas de agua hirviendo

2 tazas/12 oz/350 g de azúcar glas (azúcar glas), tamizada

Mezcle todos los ingredientes en una licuadora o procesador de alimentos hasta que quede suave y presione los ingredientes si es necesario. Úselo inmediatamente.

glaseado de pastel de frutas

Suficiente para glasear un pastel de 10 pulgadas

75 ml/5 cucharadas de almíbar dorado (maíz claro)

60 ml/4 cucharadas de jugo de piña o naranja

Mezclar el almíbar y el jugo en una cacerola pequeña y llevar a ebullición. Retire del fuego y unte la mezcla sobre la parte superior y los lados de un pastel enfriado. Deja que dure Hervir nuevamente el glaseado y extender una segunda capa sobre el bizcocho.

Glaseado de pastel de frutas de naranja

Suficiente para glasear un pastel de 10 pulgadas

50 g/2 oz/¼ taza de azúcar granulada (superfina).

30 ml/2 cucharadas de zumo de naranja

10 ml/2 cucharaditas de piel de naranja rallada

Combine los ingredientes en una cacerola pequeña y déjelos hervir, revolviendo constantemente. Retire del fuego y unte la mezcla sobre la parte superior y los lados de un pastel enfriado. Deja que dure Hervir nuevamente el glaseado y extender una segunda capa sobre el bizcocho.

Cuadritos de merengue de almendras

hacer 12

225 g de masa quebrada

60 ml/4 cucharadas de mermelada de frambuesa (de lata)

2 claras de huevo

50 g de almendras molidas

100 g/4 oz/½ taza de azúcar glas (superfina).

Unas gotas de esencia de almendras (extracto)

25 g/1 oz/¼ taza de hojuelas de almendras

Estirar la masa y forrar un molde para horno engrasado de 12 x 8/30 x 20 cm. Untar con mermelada. Batir las claras a punto de nieve y mezclar con cuidado las almendras, el azúcar y la esencia de almendras. Divida la mermelada y espolvoree con almendras. Hornee en horno precalentado a 180°C/350°F/termostato 4 durante 45 minutos hasta que estén dorados y crujientes. Dejar enfriar y luego cortar en cuadritos.

ángel cae

hacer 24

2 oz/¼ taza/50 g de mantequilla o margarina, ablandada

50 g de lomo de cerdo (corto)

100 g/4 oz/½ taza de azúcar glas (superfina).

1 huevo pequeño, batido

Unas gotas de esencia de vainilla (extracto)

175 g de harina con levadura (con levadura)

45 ml/3 cucharadas de avena

50 g de cerezas glaseadas (confitadas), partidas por la mitad

Mezcle la mantequilla o margarina, la manteca de cerdo y el azúcar hasta que esté suave y esponjosa. Agrega el huevo y la esencia de vainilla, luego agrega la harina y mezcla hasta obtener una pasta dura. Romper en bolitas y enrollar la avena. Colócalos bien separados en una sartén engrasada y cubre cada uno con una cereza. Hornee en horno precalentado a 180°C/350°F/termostato 4 durante 20 minutos hasta que esté cocido. Dejar enfriar en la bandeja.

almendras laminadas

hacer 12

100 g/4 oz/½ taza de mantequilla o margarina

225 g/8 oz/2 tazas de harina común (para todo uso)

5 ml/1 cucharada de levadura en polvo

50 g/2 oz/¼ taza de azúcar granulada (superfina).

1 huevo, separado

75 ml/5 cucharadas de mermelada de frambuesa (de lata)

2/3 taza/4 oz/100 g de azúcar granulada (azúcar glas), tamizada

100 g/4 oz/1 taza de almendras fileteadas

Frote la mantequilla o margarina con la harina y el polvo para hornear hasta que la mezcla parezca pan rallado. Agrega el azúcar, luego la yema de huevo y amasa hasta obtener una masa firme. Extiéndalo sobre una superficie ligeramente enharinada para que quepa en un molde para hornear engrasado de 30 x 20 cm / 12 x 8. Presione suavemente en el molde y levante ligeramente los bordes de la masa para crear un borde. Untar con mermelada. Batir las claras a punto de nieve y añadir poco a poco el azúcar glas. Divida la mermelada y espolvoree con almendras. Hornee en un horno precalentado a 160°C/325°F/termostato 3 durante 1 hora hasta que estén dorados y bien cocidos. Déjalo enfriar en el molde durante 5 minutos, luego córtalo en dedos y colócalo sobre una rejilla para que se enfríe más.

tartas horneadas

hacer 24

Para la masa:

25 g de manteca (corta)

25 g de mantequilla o margarina

100 g/4 oz/1 taza de harina común (para todo uso)

Una pizca de sal

30 ml/2 cucharadas de agua

45 ml/3 cucharadas de mermelada de frambuesa (de lata)

Para el llenado:

2 oz/¼ taza/50 g de mantequilla o margarina, ablandada

50 g/2 oz/¼ taza de azúcar granulada (superfina).

1 huevo, ligeramente batido

25 g de harina con levadura (con levadura)

25 g de almendras molidas

Unas gotas de esencia de almendras (extracto)

Para hacer masa (pasta), unte manteca de cerdo o margarina con la harina y la sal hasta que la mezcla parezca pan rallado. Agrega suficiente agua para hacer una masa suave. Estirar finamente sobre una superficie ligeramente enharinada, cortar en círculos de 3/7 cm y forrar las mitades de dos moldes para pan engrasados. Rellenar con mermelada.

Para hacer el relleno, bate la mantequilla o margarina y el azúcar y añade poco a poco el huevo. Agrega la harina, las almendras molidas y la esencia de almendras. Vierte la mezcla en las tartas y sella los bordes con la masa para que la mermelada quede completamente cubierta. Hornear en horno precalentado a 180°C/350°F/termostato 4 durante 20 minutos hasta que se doren.

Galletas De Mariposa De Chocolate

Rinde unas 12 galletas

Para las galletas:

100 g/4 oz/½ taza de mantequilla o margarina, ablandada

100 g/4 oz/½ taza de azúcar glas (superfina).

2 huevos, ligeramente batidos

100 g de harina con levadura

30 ml/2 cucharadas de cacao en polvo (chocolate sin azúcar).

Una pizca de sal

30 ml/2 cucharadas de leche fría

Para el glaseado:

2 oz/¼ taza/50 g de mantequilla o margarina, ablandada

2/3 taza/4 oz/100 g de azúcar granulada (azúcar glas), tamizada

10 ml/2 cucharadas de leche tibia

Para hacer las galletas, agregue mantequilla o margarina y azúcar hasta que estén cremosas, pálidas y esponjosas. Agrega poco a poco los huevos alternando con la harina, el cacao y la sal, luego agrega la leche hasta obtener una mezcla homogénea. Vierta la mezcla en papel para hornear (papel para muffins) o moldes para hornear engrasados (papel para bistec) y hornee en un horno precalentado a 190°/375°F/termostato 5 durante 15-20 minutos hasta que esté bien inflado y elástico al tacto. Dejar enfriar. Corta la parte superior de las galletas horizontalmente y luego córtala por la mitad verticalmente para hacer las alas de mariposa.

Para hacer el glaseado, bata la mantequilla o la margarina hasta que quede suave y agregue la mitad del azúcar granulada. Batir la leche y luego el resto del azúcar. Extienda la mezcla de glaseado sobre los pasteles y luego presione las "alas" en diagonal sobre la parte superior de los pasteles.

galletas de coco

hacer 12

100 gramos de mantequilla

2 oz/¼ taza/50 g de mantequilla o margarina, ablandada

50 g/2 oz/¼ taza de azúcar granulada (superfina).

1 huevo batido

25 g / 1 oz / 2 cucharadas de harina de arroz

50 g de coco seco (rallado)

¼ cucharadita/1,5 ml de levadura en polvo

60 ml/4 cucharadas de chocolate para untar

Extienda la masa (pasta) y úsela para forrar los lados de un molde para panecillos (lata para carne). Mezclar la mantequilla o margarina y el azúcar y luego mezclar los huevos y la harina de arroz. Mezclar el coco y la levadura en polvo. Deje caer una cucharada pequeña de chocolate para untar en el fondo de cada base de tarta (base de tarta). Vierte sobre la mezcla de coco y hornea en horno precalentado a 200°C/termostato 6 durante 15 minutos hasta que esté cocido y dorado.

magdalenas dulces

hacer 15

100 g/4 oz/½ taza de mantequilla o margarina, ablandada

225 g/8 oz/1 taza de azúcar glas (superfina).

2 huevos

5 ml/1 cucharadita de esencia de vainilla (extracto)

175 g de harina con levadura (con levadura)

5 ml/1 cucharada de levadura en polvo

Una pizca de sal

75 ml/5 cucharadas de leche

Mezcle la mantequilla o margarina y el azúcar hasta que esté suave y esponjosa. Agrega poco a poco los huevos y la esencia de vainilla, batiendo bien después de cada adición. Agrega la harina, la levadura y la sal alternando con la leche y bate bien. Vierte la mezcla en vasitos de papel (papel para cupcakes) y hornea en horno precalentado a 190°C/375°F/termostato 5 durante 20 minutos hasta que al insertar un palillo en el centro éste salga limpio.

granos de café

hacer 12

Para las galletas:

100 g/4 oz/½ taza de mantequilla o margarina, ablandada

100 g/4 oz/½ taza de azúcar glas (superfina).

2 huevos, ligeramente batidos

100 g de harina con levadura

10 ml/2 cucharaditas de esencia de café (extracto)

Para el glaseado:

2 oz/¼ taza/50 g de mantequilla o margarina, ablandada

2/3 taza/4 oz/100 g de azúcar granulada (azúcar glas), tamizada

Unas gotas de esencia de café (extracto)

100 g/4 oz/1 taza de chispas de chocolate

Para hacer galletas, haga que la mantequilla o margarina y el azúcar queden cremosas y esponjosas. Agrega los huevos poco a poco y luego agrega la harina y la esencia de café. Vierta la mezcla en moldes de papel (papel para cupcakes) sobre una bandeja para horno (papel para bistec) y hornee en el horno precalentado a 180°C/350°F/termostato 4 durante 20 minutos hasta que esté bien inflado y elástico al tacto. Dejar enfriar.

Para hacer el glaseado, bate la mantequilla o margarina hasta que quede suave, luego agrega el azúcar glas y la esencia de café. Repartir sobre las tartas y decorar con los trozos de chocolate.

galletas eccles

hacer 16

2 oz/¼ taza/50 g de mantequilla o margarina

50 g/2 oz/¼ taza de azúcar moreno dulce

225 g de grosellas

450 g Hojaldre o hojaldre

Un poco de leche

45 ml/3 cucharadas de azúcar granulada (superfina).

Derrita la mantequilla o margarina y el azúcar moreno a fuego lento y mezcle bien. Retire del fuego y agregue las grosellas. Dejar enfriar un poco. Extienda la masa (pasta) sobre una superficie enharinada y córtela en 16 círculos. Divide la mezcla del relleno entre los círculos, dobla los bordes hacia el centro y cepilla con agua para sellar los bordes. Dale la vuelta a las galletas y extiéndelas ligeramente con un rodillo para aplanarlas un poco. Hacer tres cortes encima, untar con leche y espolvorear con azúcar. Colócalas en una bandeja de horno engrasada y hornea en horno precalentado a 200°C/termostato 6 durante 20 minutos hasta que estén doradas.

Galletas de hadas

Serán alrededor de las 12

100 g/4 oz/½ taza de mantequilla o margarina, ablandada

100 g/4 oz/½ taza de azúcar glas (superfina).

2 huevos, ligeramente batidos

100 g de harina con levadura

Una pizca de sal

30 ml/2 cucharaditas de leche

Unas gotas de esencia de vainilla (extracto)

Mezcle la mantequilla o margarina y el azúcar hasta que esté pálida y esponjosa. Agrega los huevos poco a poco alternando con la harina y la sal, luego agrega la leche y la esencia de vainilla hasta obtener una mezcla homogénea. Vierta la mezcla en moldes para pasteles (moldes para cupcakes) o moldes para pan (panqueques) engrasados y hornee en un horno precalentado a 190°C/375°F/termostato 5 durante 15-20 minutos hasta que esté bien inflado y elástico al tacto.

Galletas de hadas glaseadas con plumas

hacer 12

2 oz/¼ taza/50 g de mantequilla o margarina, ablandada

50 g/2 oz/¼ taza de azúcar granulada (superfina).

1 huevo

50 g de harina con levadura (con levadura)

100 g/4 oz/2/3 taza de azúcar granulada (repostera).

15 ml / 1 cucharada de agua tibia

Unas gotas de colorante alimentario

Mezcle la mantequilla o margarina y el azúcar hasta que esté pálida y esponjosa. Agrega el huevo poco a poco y luego agrega la harina. Divida la mezcla en 12 moldes para hornear de papel (papel para cupcakes) (papel para bistec). Hornee en horno precalentado a 160°C/325°F/termostato 3 durante 15-20 minutos hasta que esté elástico. Dejar enfriar.

Mezclar el azúcar glas y el agua tibia. Colorea un tercio del glaseado con el colorante alimentario de tu elección. Divida el glaseado blanco sobre los pasteles. Aplique el glaseado de color en líneas sobre el pastel, luego pase la punta de un cuchillo perpendicular a las líneas, primero en una dirección y luego en la otra, para crear un patrón ondulado. Haz que dure

Fantasías genovesas

hacer 12

3 huevos, ligeramente batidos

75 g/3 oz/1/3 taza de azúcar glas (superfina).

75 g de harina con levadura (con levadura)

Unas gotas de esencia de vainilla (extracto)

25 g/1 oz/2 cucharadas de mantequilla o margarina, derretida y enfriada

60 ml/4 cucharadas de mermelada de albaricoque (de lata), tamizada (filtrada)

60 ml/4 cucharadas de agua

8 oz/11/3 tazas de azúcar glas (repostería), tamizada

Unas gotas de colorante alimentario rosa y azul (opcional)

decoración de pasteles

Coloque los huevos y el azúcar en un recipiente resistente al calor sobre una cacerola con agua ligeramente hirviendo. Batir hasta que la mezcla salga en tiras de la batidora. Mezclar la harina y la esencia de vainilla y luego incorporar la mantequilla o margarina. Vierte la mezcla en un molde para horno engrasado de 30 x 20 cm/12 x 8 cm y hornea en el horno precalentado a 190°C/termostato 5 durante 30 minutos. Dejar enfriar y luego cortar en formas. Calentar la mermelada con 30 ml/2 cucharadas de agua y pincelar las tartas.

Tamiza el azúcar glas en un bol. Si quieres hacer el helado de diferentes colores, divídelo en tazones separados y haz un hueco en el centro de cada tazón. Agregue gradualmente unas gotas de colorante alimentario y suficiente agua restante para obtener un glaseado bastante duro. Dividir sobre las tartas y decorar como desees.

macarrones con almendras

hacer 16

papel de arroz

100 g/4 oz/½ taza de azúcar glas (superfina).

50 g de almendras molidas

5 ml/1 cucharadita de arroz molido

Unas gotas de esencia de almendras (extracto)

1 clara de huevo

8 almendras blanqueadas, partidas por la mitad

Forrar una bandeja para horno (pastel) con papel de arroz. Mezclar todos los ingredientes, excepto las almendras blanqueadas, hasta obtener una pasta firme y batir bien. Vierta cucharadas de la mezcla en la sartén y cubra cada una con media almendra. Hornear en horno precalentado a 150°C/325°F/termostato 3 durante 25 minutos. Deje enfriar sobre la hoja y córtela o rasguela para liberarla de la hoja de papel de arroz.

macarrón de coco

hacer 16

2 claras de huevo

150 g/5 oz/2/3 taza de azúcar granulada (superfina).

150 g de coco seco (rallado)

papel de arroz

8 cerezas glaseadas (confitadas), partidas por la mitad

Batir las claras enérgicamente. Batir el azúcar hasta que la mezcla forme picos rígidos. Dale la vuelta al coco. Coloque el papel de arroz en una bandeja para hornear y deje caer cucharadas de la mezcla sobre el papel para hornear. Coloque una mitad de cereza en cada uno. Hornee en horno precalentado a 160°C/325°F/termostato 3 durante 30 minutos hasta que esté cocido. Deje enfriar sobre el papel de arroz y córtelo o rasguelo para separarlo del papel de arroz.

macarrones de lima

hacer 12

100 gramos de mantequilla

60 ml/4 cucharadas de mermelada de lima

2 claras de huevo

50 g/2 oz/¼ taza de azúcar granulada (superfina).

25 g de almendras molidas

10 ml/2 cucharaditas de arroz molido

5 ml/1 cucharadita de agua de azahar

Extienda la masa (pasta) y úsela para forrar los lados de un molde para panecillos (lata para carne). Vierta una cucharada pequeña de mermelada en cada base de tarta (molde para tarta). Batir las claras enérgicamente. Agregue el azúcar hasta que esté firme y brillante. Mezclar las almendras, el arroz y el jugo de naranja. Vierte en los moldes cubriendo la gelatina por completo. Hornear en horno precalentado a 180°C/350°F/termostato 4 durante 30 minutos hasta que se doren.

macarrones con avena

hacer 24

175 g/6 oz/1½ taza de copos de avena

175 g/6 oz/¾ taza de azúcar granulada

120 mililitros de aceite

1 huevo

2,5 ml/½ cucharadita de sal

2,5 ml/½ cucharadita de esencia de almendras (extracto)

Mezclar la avena, el azúcar y el aceite y dejar reposar 1 hora. Batir el huevo, la sal y la esencia de almendras. Vierta cucharadas de la mezcla en una bandeja de horno engrasada y hornee en el horno precalentado a 160°C/termostato 3 durante 20 minutos hasta que se doren.

madeleine

hacer 9

100 g/4 oz/½ taza de mantequilla o margarina, ablandada

100 g/4 oz/½ taza de azúcar glas (superfina).

2 huevos, ligeramente batidos

100 g de harina con levadura

175 g/6 oz/½ taza de mermelada de fresa o frambuesa (enlatada)

60 ml/4 cucharadas de agua

50 g de coco seco (rallado)

5 cerezas glaseadas (confitadas), partidas por la mitad

Batir ligeramente la mantequilla o margarina y mezclar con el azúcar hasta que esté suave y esponjosa. Agrega los huevos poco a poco y luego agrega la harina. Vierte la mezcla en nueve moldes de dariole engrasados y colócalos en una sartén. Hornee en horno precalentado a 190°C/375°F/termostato 5 durante 20 minutos hasta que esté bien inflado y dorado. Deje enfriar en los moldes durante 5 minutos, luego colóquelo sobre una rejilla para completar el enfriamiento.

Alise la parte superior de cada pastel hasta que quede suave. Colar (colar) la gelatina y llevar a ebullición con el agua en una cacerola pequeña, revolviendo hasta que esté bien combinada. Extienda el coco sobre una hoja grande de papel pergamino (sin grasa). Inserta una brocheta en la base del primer pastel, úntala con glaseado de gelatina y enróllala en el coco hasta que esté cubierta. Colóquelo en una fuente para servir. Repita con las galletas restantes. Decorar con cerezas glaseadas partidas por la mitad.

Tortitas de mazapán

Serán alrededor de las 12

450 g de almendras molidas

2/3 taza/4 oz/100 g de azúcar granulada (azúcar glas), tamizada

100 g/4 oz/½ taza de azúcar glas (superfina).

30 ml/2 cucharadas de agua

3 claras de huevo

Para el glaseado:

2/3 taza/4 oz/100 g de azúcar granulada (azúcar glas), tamizada

1 clara de huevo

2,5 ml/½ cucharadita de vinagre

Mezclar todos los ingredientes del bizcocho en un cazo y calentar suavemente, revolviendo, hasta que la masa haya absorbido todo el líquido. Retirar del fuego y dejar enfriar. Extiéndela sobre una superficie ligeramente enharinada hasta que tenga un grosor de 1/2 cm y córtala en tiras de 1½/3 cm. Córtelo en trozos de 5 cm, colóquelo en una bandeja de horno engrasada y hornee en el horno precalentado a 150°C/termostato 2 durante 20 minutos hasta que la parte superior esté ligeramente dorada. Dejar enfriar.

Para hacer el helado, bate poco a poco la clara de huevo y el vinagre con el azúcar glas hasta obtener un helado suave y espeso. Vierta el glaseado sobre los pasteles.

magdalenas

hacer 12

225 g/8 oz/2 tazas de harina común (para todo uso)

100 g/4 oz/½ taza de azúcar glas (superfina).

10 ml / 2 cucharadas de levadura en polvo

2,5 ml/½ cucharadita de sal

1 huevo, ligeramente batido

250 ml/8 oz/1 taza de leche

120 mililitros de aceite

Mezclar la harina, el azúcar, la levadura y la sal y hacer un hueco en el centro. Combine el resto de los ingredientes y mezcle con los ingredientes secos hasta que se combinen. No mezcles demasiado. Vierta la mezcla en moldes para muffins (de papel) o en moldes para muffins engrasados y hornee en el horno precalentado a 200°C/termostato 6 durante 20 minutos, hasta que esté bien inflado y elástico al tacto.

Magdalenas de manzana

hacer 12

225 g/8 oz/2 tazas de harina común (para todo uso)

100 g/4 oz/½ taza de azúcar glas (superfina).

10 ml / 2 cucharadas de levadura en polvo

2,5 ml/½ cucharadita de sal

1 huevo, ligeramente batido

250 ml/8 oz/1 taza de leche

120 mililitros de aceite

2 manzanas (postre), peladas, sin corazón y cortadas en trozos

Mezclar la harina, el azúcar, la levadura y la sal y hacer un hueco en el centro. Combine el resto de los ingredientes y mezcle con los ingredientes secos hasta que se combinen. No mezcles demasiado. Vierta la mezcla en moldes para muffins (de papel) o en moldes para muffins engrasados y hornee en el horno precalentado a 200°C/termostato 6 durante 20 minutos, hasta que esté bien inflado y elástico al tacto.

Muffins de banana

hacer 12

225 g/8 oz/2 tazas de harina común (para todo uso)

100 g/4 oz/½ taza de azúcar glas (superfina).

10 ml / 2 cucharadas de levadura en polvo

2,5 ml/½ cucharadita de sal

1 huevo, ligeramente batido

250 ml/8 oz/1 taza de leche

120 mililitros de aceite

2 plátanos, triturados

Mezclar la harina, el azúcar, la levadura y la sal y hacer un hueco en el centro. Combine el resto de los ingredientes y mezcle con los ingredientes secos hasta que se combinen. No mezcles demasiado. Vierta la mezcla en moldes para muffins (de papel) o en moldes para muffins engrasados y hornee en el horno precalentado a 200°C/termostato 6 durante 20 minutos, hasta que esté bien inflado y elástico al tacto.

muffins de grosella negra

hacer 12

225 g de harina con levadura (con levadura)

75 g/3 oz/1/3 taza de azúcar glas (superfina).

2 claras de huevo

75 g de grosellas negras

7 fl oz/lite 200 ml 1 taza de leche

30 ml/2 cucharadas de aceite

Mezclar la harina y el azúcar. Batir ligeramente las claras y mezclarlas con los ingredientes secos. Agrega la grosella negra, la leche y el aceite. Vierte la mezcla en moldes para muffins engrasados y hornea en horno precalentado a 200°C/termostato 6 durante 15-20 minutos hasta que se doren.

muffins de arándanos

hacer 12

150 g/5 oz/1¼ taza de harina (para todo uso)

75 g/3 oz/¾ taza de harina de maíz

75 g/3 oz/1/3 taza de azúcar glas (superfina).

10 ml / 2 cucharadas de levadura en polvo

Una pizca de sal

1 huevo, ligeramente batido

75 g/3 oz/1/3 taza de mantequilla o margarina, derretida

250 ml de suero de leche

100 gramos de arándanos

Mezclar la harina, la harina de maíz, el azúcar, el polvo para hornear y la sal y hacer un hueco en el centro. Agregue el huevo, la mantequilla o margarina y el suero de leche y mezcle hasta que se combinen. Incorpora los arándanos o las moras. Vierta la mezcla en moldes para muffins (de papel) y hornee en el horno precalentado a 200°C/400°F/termostato 6 durante 20 minutos hasta que estén dorados y elásticos al tacto.

muffins de cereza

hacer 12

225 g/8 oz/2 tazas de harina común (para todo uso)

100 g/4 oz/½ taza de azúcar glas (superfina).

100 g de cerezas glaseadas (confitadas)

10 ml / 2 cucharadas de levadura en polvo

2,5 ml/½ cucharadita de sal

1 huevo, ligeramente batido

250 ml/8 oz/1 taza de leche

120 mililitros de aceite

Mezclar la harina, el azúcar, las cerezas, la levadura y la sal y hacer un hueco en el centro. Combine el resto de los ingredientes y mezcle con los ingredientes secos hasta que se combinen. No mezcles demasiado. Vierta la mezcla en moldes para muffins (de papel) o en moldes para muffins engrasados y hornee en el horno precalentado a 200°C/termostato 6 durante 20 minutos, hasta que esté bien inflado y elástico al tacto.

muffins de chocolate

Haz 10-12

175 g/6 oz/1½ taza de harina (para todo uso)

40 g/1½ oz/1/3 taza de cacao en polvo (chocolate sin azúcar)

100 g/4 oz/½ taza de azúcar glas (superfina).

10 ml / 2 cucharadas de levadura en polvo

2,5 ml/½ cucharadita de sal

1 huevo grande

250 ml/8 oz/1 taza de leche

2,5 ml/½ cucharadita de esencia de vainilla (extracto)

120 ml/4 fl oz/½ taza de aceite de girasol o aceite vegetal

Mezclar los ingredientes secos y hacer un hueco en el centro. Mezclar bien el huevo, la leche, la esencia de vainilla y el aceite. Mezcle rápidamente el líquido con los ingredientes secos hasta que estén todos incorporados. No mezcle demasiado; la mezcla debe quedar grumosa. Vierta la mezcla en moldes para muffins (papel) o moldes para hornear y hornee en el horno precalentado a 200 °C/400 °F/termostato 6 durante unos 20 minutos hasta que esté bien inflado y elástico al tacto.

muffins de chocolate

hacer 12

175 g/6 oz/1½ taza de harina (para todo uso)

100 g/4 oz/½ taza de azúcar glas (superfina).

45 ml/3 cucharadas de cacao en polvo (chocolate sin azúcar).

100 g/4 oz/1 taza de chispas de chocolate

10 ml / 2 cucharadas de levadura en polvo

2,5 ml/½ cucharadita de sal

1 huevo, ligeramente batido

250 ml/8 oz/1 taza de leche

120 mililitros de aceite

2,5 ml/½ cucharadita de esencia de vainilla (extracto)

Mezclar la harina, el azúcar, el cacao, las chispas de chocolate, la levadura y la sal y hacer un hueco en el centro. Combine el resto de los ingredientes y mezcle con los ingredientes secos hasta que se combinen. No mezcles demasiado. Vierta la mezcla en moldes para muffins (de papel) o en moldes para muffins engrasados y hornee en el horno precalentado a 200°C/termostato 6 durante 20 minutos, hasta que esté bien inflado y elástico al tacto.

muffin de canela

hacer 12

225 g/8 oz/2 tazas de harina común (para todo uso)

100 g/4 oz/½ taza de azúcar glas (superfina).

10 ml / 2 cucharadas de levadura en polvo

5 ml/1 cucharadita de canela molida

2,5 ml/½ cucharadita de sal

1 huevo, ligeramente batido

250 ml/8 oz/1 taza de leche

120 mililitros de aceite

Mezclar la harina, el azúcar, la levadura, la canela y la sal y hacer un hueco en el centro. Combine el resto de los ingredientes y mezcle con los ingredientes secos hasta que se combinen. No mezcles demasiado. Vierta la mezcla en moldes para muffins (de papel) o en moldes para muffins engrasados y hornee en el horno precalentado a 200°C/termostato 6 durante 20 minutos, hasta que esté bien inflado y elástico al tacto.

Muffins de harina de maíz

hacer 12

50 g/2 oz/½ taza de harina (para todo uso)

100 gramos de harina de maíz

5 ml/1 cucharada de levadura en polvo

1 huevo, separado

1 yema de huevo

30 ml/2 cucharadas de aceite de maíz

30 ml/2 cucharadas de leche

Mezclar la harina, la harina de maíz y el polvo para hornear. Mezclar las yemas, el aceite y la leche y mezclar con los ingredientes secos. Batir las claras a punto de nieve y añadirlas a la mezcla. Vierta la mezcla en moldes para muffins (de papel) o en moldes para muffins engrasados y hornee en el horno precalentado a 200°C/termostato 6 durante unos 20 minutos hasta que se doren.

Muffins de higos enteros

hacer 10

100 g de harina integral (trigo).

5 ml/1 cucharada de levadura en polvo

50 g/2 oz/½ taza de avena

1/3 taza/2 oz/50 g de higos secos picados

45 ml/3 cucharadas de aceite

75 ml/5 cucharadas de leche

15 ml/1 cucharada de almíbar oscuro (melaza)

1 huevo, ligeramente batido

Mezclar la harina, la levadura y los copos de avena y añadir los higos. Caliente el aceite, la leche y el almíbar hasta que se combinen, luego combine los ingredientes secos con el huevo y mezcle hasta que se forme una masa firme. Vierta la mezcla en moldes para muffins (de papel) o en moldes para muffins engrasados y hornee en el horno precalentado a 190°C/termostato 5 durante unos 20 minutos hasta que se doren.

Muffins de frutas y salvado

hacer 8

100 g/4 oz/1 taza de todos los cereales con salvado

50 g/2 oz/½ taza de harina (para todo uso)

2,5 ml/½ cucharadita de levadura en polvo

5 ml/1 cucharadita de bicarbonato de sodio (levadura en polvo)

5 ml/1 cucharadita de especias molidas (tarta de manzana)

50 gramos de pasas

100 g de puré de manzana (salsa)

5 ml/1 cucharadita de esencia de vainilla (extracto)

30 ml/2 cucharadas de leche

Mezclar los ingredientes secos y hacer un hueco en el centro. Agrega las pasas, el puré de manzana, el extracto de vainilla y suficiente leche hasta que quede suave. Verter la mezcla en moldes para muffins (de papel) o en moldes para muffins engrasados y hornear en horno precalentado a 200°C/termostato 6 durante 20 minutos hasta que estén bien inflados y dorados.

muffins de avena

hacer 20

100 g/4 oz/1 taza de avena

100 g harina de avena

225 g de harina integral (integral).

10 ml / 2 cucharadas de levadura en polvo

50 g de pasas (opcional)

375 ml/13 oz/1½ tazas de leche

10 ml / 2 cucharadas de aceite

2 claras de huevo

Combine la avena, la harina y el polvo para hornear y mezcle las pasas, si las usa. Mezclar la leche y el aceite. Batir las claras a punto de nieve y luego incorporarlas a la mezcla. Vierta la mezcla en moldes para muffins (de papel) o en moldes para muffins engrasados y hornee en el horno precalentado a 190°C/termostato 5 durante unos 25 minutos hasta que se doren.

Muffins de avena y frutas

hacer 10

100 g de harina integral (trigo).

100 g/4 oz/1 taza de avena

15 ml / 1 cucharada de levadura en polvo

100 g de pasas (pasas doradas)

50 g/2 oz/½ taza de nueces mixtas picadas

1 manzana (postre), pelada, sin corazón y rallada

45 ml/3 cucharadas de aceite

30 ml/2 cucharadas de miel clara

15 ml/1 cucharada de almíbar oscuro (melaza)

1 huevo, ligeramente batido

90 ml/6 cucharadas de leche

Mezclar la harina, la avena y el polvo para hornear. Mezclar las pasas, las nueces y la manzana. Calienta el aceite, la miel y el almíbar hasta que se derrita, luego revuelve la mezcla junto con el huevo y suficiente leche para lograr una consistencia suave. Vierta la mezcla en moldes para muffins (de papel) o en moldes para muffins engrasados y hornee en el horno precalentado a 190°C/termostato 5 durante unos 25 minutos hasta que se doren.

magdalenas de naranja

hacer 12

100 g de harina con levadura

100 g/4 oz/½ taza de azúcar moreno dulce

1 huevo, ligeramente batido

120 ml de zumo de naranja

60 ml/4 cucharadas de aceite

2,5 ml/½ cucharadita de esencia de vainilla (extracto)

25 g de mantequilla o margarina

30 ml/2 cucharadas de harina común (para todo uso)

2,5 ml/½ cucharadita de canela molida

Mezclar en un bol la harina con levadura y la mitad del azúcar. Agrega el huevo, el jugo de naranja, el aceite y la esencia de vainilla, luego agrega los ingredientes secos hasta que se combinen. No mezcles demasiado. Verter la mezcla en moldes para muffins (papel) o moldes para muffins (moldes) y hornear en horno precalentado a 200°C/termostato 6 durante 10 minutos.

Mientras tanto, unte la mantequilla o margarina para el relleno con la harina y mezcle con el resto del azúcar y la canela. Espolvorea los muffins por encima y colócalos en el horno por otros 5 minutos hasta que se doren.

muffins de durazno

hacer 12

225 g/8 oz/2 tazas de harina común (para todo uso)

100 g/4 oz/½ taza de azúcar glas (superfina).

10 ml / 2 cucharadas de levadura en polvo

2,5 ml/½ cucharadita de sal

1 huevo, ligeramente batido

175 ml/6 fl oz/¾ taza de leche

120 mililitros de aceite

1 lata pequeña de melocotones de 200 g, escurridos y picados

Mezclar la harina, el azúcar, la levadura y la sal y hacer un hueco en el centro. Combine el resto de los ingredientes y mezcle con los ingredientes secos hasta que se combinen. No mezcles demasiado. Vierta la mezcla en moldes para muffins (de papel) o en moldes para muffins engrasados y hornee en el horno precalentado a 200°C/termostato 6 durante 20 minutos, hasta que esté bien inflado y elástico al tacto.

Muffins de mantequilla de maní

hacer 12

225 g/8 oz/2 tazas de harina común (para todo uso)

100 g/4 oz/½ taza de azúcar moreno dulce

10 ml / 2 cucharadas de levadura en polvo

2,5 ml/½ cucharadita de sal

1 huevo, ligeramente batido

250 ml/8 oz/1 taza de leche

120 mililitros de aceite

45 ml/3 cucharadas de mantequilla de maní

Mezclar la harina, el azúcar, la levadura y la sal y hacer un hueco en el centro. Combine el resto de los ingredientes y mezcle con los ingredientes secos hasta que se combinen. No mezcles demasiado. Vierta la mezcla en moldes para muffins (de papel) o en moldes para muffins engrasados y hornee en el horno precalentado a 200°C/termostato 6 durante 20 minutos, hasta que esté bien inflado y elástico al tacto.

muffins de piña

hacer 12

225 g/8 oz/2 tazas de harina común (para todo uso)

100 g/4 oz/½ taza de azúcar moreno dulce

10 ml / 2 cucharadas de levadura en polvo

2,5 ml/½ cucharadita de sal

1 huevo, ligeramente batido

175 ml/6 fl oz/¾ taza de leche

120 mililitros de aceite

200 g/1 lata pequeña de piña, escurrida y picada

30 ml/2 cucharadas de azúcar demerara

Mezclar la harina, el azúcar moreno, el polvo para hornear y la sal y hacer un hueco en el centro. Combine todos los ingredientes restantes excepto el azúcar demerara y mezcle los ingredientes secos hasta que se combinen. No mezcles demasiado. Vierta la mezcla en moldes para muffins (papel) o moldes para muffins engrasados y espolvoree con azúcar demerara. Hornee en horno precalentado a 200°C/400°F/termostato 6 durante 20 minutos hasta que esté bien inflado y elástico al tacto.

muffins de frambuesa

hacer 12

225 g/8 oz/2 tazas de harina común (para todo uso)

100 g/4 oz/½ taza de azúcar glas (superfina).

10 ml / 2 cucharadas de levadura en polvo

2,5 ml/½ cucharadita de sal

200 g de frambuesas

1 huevo, ligeramente batido

250 ml/8 oz/1 taza de leche

120 ml/4 oz fl/½ taza de aceite vegetal

Mezclar la harina, el azúcar, la levadura y la sal. Mezclar las frambuesas y hacer un hueco en el centro. Mezclar los huevos, la leche y el aceite y verter sobre los ingredientes secos. Mezcle suavemente hasta que todos los ingredientes secos estén combinados pero la mezcla aún se desmorone. No exageres. Vierta la mezcla en moldes para muffins (de papel) o en moldes para muffins engrasados y hornee en el horno precalentado a 200°C/termostato 6 durante 20 minutos hasta que esté bien inflado y elástico al tacto.

Muffins de frambuesa y limón

hacer 12

175 g/6 oz/1½ taza de harina (para todo uso)

50 g/2 oz/¼ taza de azúcar granulada

50 g/2 oz/¼ taza de azúcar moreno dulce

10 ml / 2 cucharadas de levadura en polvo

5 ml/1 cucharadita de canela molida

Una pizca de sal

1 huevo, ligeramente batido

100 g/4 oz/½ taza de mantequilla o margarina, derretida

120 ml/½ taza de leche

100 g de frambuesas frescas

10 ml/2 cucharaditas de piel de limón rallada

Adornar:

75 g/½ taza de azúcar glas (azúcar glas), tamizada

15 ml / 1 cucharada de jugo de limón

Mezclar en un bol la harina, el azúcar glas, el azúcar moreno, el polvo para hornear, la canela y la sal y hacer un hueco en el centro. Agrega el huevo, la mantequilla o margarina y la leche y mezcla hasta que se combinen los ingredientes. Mezclar las frambuesas y la ralladura de limón. Vierta la mezcla en moldes para muffins (de papel) o en moldes para muffins engrasados y hornee en el horno precalentado a 180°C/termostato 4 durante 20 minutos hasta que estén dorados y elásticos al tacto. Mezclar el azúcar glas y el jugo de limón y espolvorear sobre los muffins calientes.

muffins de sultana

hacer 12

225 g/8 oz/2 tazas de harina común (para todo uso)

100 g/4 oz/½ taza de azúcar glas (superfina).

100 g de pasas (pasas doradas)

10 ml / 2 cucharadas de levadura en polvo

5 ml/1 cucharadita de especias molidas (tarta de manzana)

2,5 ml/½ cucharadita de sal

1 huevo, ligeramente batido

250 ml/8 oz/1 taza de leche

120 mililitros de aceite

Mezcle la harina, el azúcar, las pasas, el polvo para hornear, la mezcla de especias y la sal y haga un hueco en el centro. Mezcle los ingredientes restantes hasta que se combinen. Vierta la mezcla en moldes para muffins (de papel) o en moldes para muffins engrasados y hornee en el horno precalentado a 200°C/termostato 6 durante 20 minutos, hasta que esté bien inflado y elástico al tacto.

Muffins en almíbar

hacer 12

225 g/8 oz/2 tazas de harina común (para todo uso)

100 g/4 oz/½ taza de azúcar moreno dulce

10 ml / 2 cucharadas de levadura en polvo

2,5 ml/½ cucharadita de sal

1 huevo, ligeramente batido

175 ml/6 fl oz/¾ taza de leche

60 ml/4 cucharadas de almíbar oscuro (melaza)

120 mililitros de aceite

Mezclar la harina, el azúcar, la levadura y la sal y hacer un hueco en el centro. Mezcle los ingredientes restantes hasta que se combinen. No mezcles demasiado. Vierta la mezcla en moldes para muffins (de papel) o en moldes para muffins engrasados y hornee en el horno precalentado a 200°C/termostato 6 durante 20 minutos, hasta que esté bien inflado y elástico al tacto.

Muffins de sirope de avena

hacer 10

100 g/4 oz/1 taza de harina común (para todo uso)

175 g/6 oz/1½ taza de copos de avena

100 g/4 oz/½ taza de azúcar moreno dulce

15 ml / 1 cucharada de levadura en polvo

5 ml/1 cucharadita de canela molida

2,5 ml/½ cucharadita de sal

1 huevo, ligeramente batido

120 ml/½ taza de leche

60 ml/4 cucharadas de almíbar oscuro (melaza)

75 ml/5 cucharadas de aceite

Mezclar la harina, la avena, el azúcar, el polvo para hornear, la canela y la sal y hacer un hueco en el centro. Mezcle los ingredientes restantes, luego mezcle los ingredientes secos hasta que se combinen. No mezcles demasiado. Vierta la mezcla en moldes para muffins (de papel) o en moldes para muffins engrasados y hornee en el horno precalentado a 200°C/termostato 6 durante 15 minutos hasta que esté bien inflado y elástico al tacto.

Sándwich de avena

hacer 8

225 g/8 oz/2 tazas de avena

100 g de harina integral (trigo).

5 ml/1 cucharada de sal

5 ml/1 cucharada de levadura en polvo

50 g de lomo de cerdo (corto)

30 ml/2 cucharadas de agua fría

Mezcle los ingredientes secos y frote la carne de cerdo en la mezcla hasta que parezca pan rallado. Agrega suficiente agua para hacer una masa firme. Sobre una superficie de trabajo ligeramente enharinada, extiéndalo formando un círculo de 7/18 cm y córtelo en ocho gajos. Colocar la mezcla en una bandeja de horno engrasada y hornear en horno precalentado a 180°C/termostato 4 durante 25 minutos. Servir con mantequilla, mermelada o mermelada.

Tortilla de fresas y champiñones

hacer 18

5 yemas de huevo

75 g/3 oz/1/3 taza de azúcar glas (superfina).

Una pizca de sal

Ralladura de medio limón

4 claras de huevo

40 g/1½ oz/1/3 taza de harina de maíz (maicena)

1½ oz/40 g/1/3 taza de harina (para todo uso)

40 g/1½ oz/3 cucharadas de mantequilla o margarina, derretida

300 ml/½ pt/1¼ taza de crema batida

225 gramos de fresas

Azúcar glas, tamizada, para espolvorear

Batir las yemas con 25 g de azúcar hasta que estén pálidas y espesas y añadir la sal y la ralladura de limón. Batir las claras a punto de nieve, luego añadir el resto del azúcar glas y seguir batiendo hasta que estén firmes y brillantes. Mezclar las yemas de huevo y luego mezclar la harina y la harina. Agregue la mantequilla o margarina derretida. Coloque la mezcla en una manga pastelera equipada con una boquilla plana de ½"/1 cm y forme círculos de 6/15 cm en un molde para hornear (pastel) engrasado y forrado. Hornear en horno precalentado a 220°C/termostato 7 durante 10 minutos hasta que estén dorados pero no dorados. Dejar enfriar.

Batir la nata hasta que esté firme. Extiende una capa fina sobre la mitad de cada círculo, divide las fresas encima y cubre con más crema. Dobla la mitad superior de las "tortillas". Espolvorea con azúcar glas y sirve.

Galletas de menta

hacer 12

100 g/4 oz/½ taza de mantequilla o margarina, ablandada

100 g/4 oz/½ taza de azúcar glas (superfina).

2 huevos, ligeramente batidos

75 g de harina con levadura (con levadura)

10 ml/2 cucharadita de cacao en polvo (chocolate sin azúcar).

Una pizca de sal

8 oz/11/3 tazas de azúcar glas (repostería), tamizada

30 ml/2 cucharadas de agua

Unas gotas de colorante verde

Unas gotas de esencia de menta (extracto)

Chocolate con menta, cortado a la mitad, para decorar.

Batir la mantequilla o margarina y el azúcar hasta que esté suave y esponjoso y mezclar gradualmente con los huevos. Mezclar la harina, el cacao y la sal. Vierta la mezcla en moldes para hornear engrasados (moldes para carne) y hornee en el horno precalentado a 200°C/400°F/termostato 6 durante 10 minutos hasta que esté suave al tacto. Dejar enfriar.

Tamizar el azúcar en polvo en un bol y mezclar con 15 ml/1 cucharada de agua. Luego agrega el colorante alimentario y la esencia de menta al gusto. Agregue más agua si es necesario para lograr una consistencia que cubra el dorso de una cuchara. Divide el helado sobre las galletas y decora con chocolate con menta.

galletas de pasas

hacer 12

175 gramos de pasas

250ml/8oz/1 taza de agua

5 ml/1 cucharadita de bicarbonato de sodio (levadura en polvo)

100 g/4 oz/½ taza de mantequilla o margarina, ablandada

100 g/4 oz/½ taza de azúcar moreno dulce

1 huevo batido

5 ml/1 cucharadita de esencia de vainilla (extracto)

200 g/7 oz/1¾ taza de harina (para todo uso)

5 ml/1 cucharada de levadura en polvo

Una pizca de sal

Llevar a ebullición las pasas, el agua y el bicarbonato de sodio en una cacerola y dejar hervir durante 3 minutos. Deje enfriar hasta que esté tibio. Mezcle la mantequilla o margarina y el azúcar hasta que esté pálida y esponjosa. Agrega el huevo y la esencia de vainilla poco a poco. Agrega la mezcla de pasas, luego la harina, el polvo para hornear y la sal. Vierta la mezcla en moldes para muffins (papel) o moldes para muffins engrasados y hornee en el horno precalentado a 180°C/350°F/termostato 4 durante 12-15 minutos hasta que esté cocido y dorado.

La uva llama

hacer 24

225 g/8 oz/2 tazas de harina común (para todo uso)

Una pizca de mezcla de hierbas molidas (tarta de manzana)

5 ml/1 cucharadita de bicarbonato de sodio (levadura en polvo)

225 g/8 oz/1 taza de azúcar glas (superfina).

45 ml/3 cucharadas de almendras molidas

8 oz/1 taza de mantequilla o margarina, derretida

45 ml/3 cucharadas de pasas

1 huevo, ligeramente batido

Mezcle los ingredientes secos y luego agregue la mantequilla o margarina derretida, seguido de las pasas y los huevos. Mezclar bien para formar una pasta dura. Extiéndalo sobre una superficie ligeramente enharinada hasta obtener un grosor de aproximadamente ¼/5 mm y córtelo en tiras de ¼/5 mm x 20 cm x 8 pulgadas. Humedece ligeramente la parte superior con un poco de agua y luego enrolla cada tira empezando por el extremo corto. Colócalas en una bandeja de horno engrasada y hornea en horno precalentado a 200°C/termostato 6 durante 15 minutos hasta que estén doradas.

Tartas de frambuesa

Rinde 12 rollos

225 g/8 oz/2 tazas de harina común (para todo uso)

7,5 ml/½ cucharada de levadura en polvo

2,5 ml/½ cucharadita. especias molidas (tarta de manzana)

Una pizca de sal

75 g de mantequilla o margarina

75 g/3 oz/1/3 taza de azúcar glas (superfina) más extra para espolvorear

1 huevo

60 ml/4 cucharadas de leche

60 ml/4 cucharadas de mermelada de frambuesa (de lata)

Mezcle la harina, el polvo para hornear, las especias y la sal, luego agregue la mantequilla o margarina hasta que la mezcla parezca pan rallado. Incorpora el azúcar. Mezclar el huevo y suficiente leche para formar una masa firme. Divídelo en 12 bolas y colócalas en una bandeja para hornear engrasada. Haz un agujero en el centro de cada agujero con el dedo y vierte un poco de mermelada de frambuesa. Pincelarlos con leche y espolvorear con azúcar glas. Hornear en horno precalentado a 220°C/termostato 7 durante 10-15 minutos hasta que se doren. Decorar con un poco de mermelada si se desea.

Galletas de arroz integral y girasol

hacer 12

75 g/3 oz/¾ taza de arroz integral cocido

50 gramos de semillas de girasol

25 gramos de semillas de sésamo

40 gramos de pasas

40 g de cerezas glaseadas (confitadas), en cuartos

25 g/1 oz/2 cucharadas de azúcar moreno dulce

15 ml / 1 cucharada de miel transparente

75 g de mantequilla o margarina

5 ml/1 cucharadita de jugo de limón

Mezclar arroz, semillas y frutas. Derrita el azúcar, la miel, la mantequilla o margarina y el jugo de limón y mézclelos con la mezcla de arroz. Vierte la mezcla en 12 moldes para pastel (papel para cupcakes) y hornea en el horno precalentado a 200°C/termostato 6 durante 15 minutos.

torta con frutas secas

hacer 12

225 g/8 oz/2 tazas de harina común (para todo uso)

Una pizca de sal

10 ml / 2 cucharadas de levadura en polvo

2 oz/¼ taza/50 g de mantequilla o margarina

50 g de lomo de cerdo (corto)

2/3 taza/100 g de nueces mixtas (mezcla para pastel de frutas)

100 g/4 oz/½ taza de azúcar demerara

Ralladura de medio limón

1 huevo

15-30 ml/1-2 cucharadas de leche

Agregue la harina, la sal y el polvo para hornear, luego agregue la mantequilla o margarina y la manteca de cerdo hasta que la mezcla parezca pan rallado. Mezclar la fruta, el azúcar y la ralladura de limón. Batir el huevo con 15 ml/1 cucharada de leche, añadir los ingredientes secos y mezclar hasta obtener una pasta firme. Agregue más leche si es necesario. Coloque pequeños montoncitos de la mezcla en una bandeja de horno engrasada y hornee en el horno precalentado a 200°C/termostato 6 durante 15-20 minutos hasta que se doren.

Galletas brick sin azúcar

hacer 12

75 g de mantequilla o margarina

175 g de harina integral (integral)

50 gramos de harina de avena

10 ml / 2 cucharadas de levadura en polvo

5 ml/1 cucharadita de canela molida

100 g de pasas (pasas doradas)

la ralladura de 1 limón

1 huevo, ligeramente batido

90 ml/6 cucharadas de leche

Frote la mantequilla o margarina con la harina, el polvo para hornear y la canela hasta que la mezcla parezca pan rallado. Mezclar las pasas y la ralladura de limón. Agrega el huevo y suficiente leche para hacer una mezcla suave. Colocar cucharadas en una fuente engrasada y hornear en horno precalentado a 200°C/termostato 6 durante 15-20 minutos hasta que se doren.

galletas de azafrán

hacer 12

Una pizca de azafrán molido

75 ml/5 cucharadas de agua hirviendo

75 ml/5 cucharadas de agua fría

100 g/4 oz/½ taza de mantequilla o margarina, ablandada

225 g/8 oz/1 taza de azúcar glas (superfina).

2 huevos, ligeramente batidos

225 g/8 oz/2 tazas de harina común (para todo uso)

10 ml / 2 cucharadas de levadura en polvo

2,5 ml/½ cucharadita de sal

175 g/6 oz/1 taza de pasas (pasas doradas)

175 g/6 oz/1 taza de cáscara mixta picada (confitada)

Remojar el azafrán en agua hirviendo durante 30 minutos y luego añadir agua fría. Batir la mantequilla o margarina y el azúcar hasta que esté suave y esponjoso y mezclar gradualmente con los huevos. Mezclar la harina con la levadura en polvo y la sal y luego mezclar 50 g de la mezcla de harina con las pasas y la ralladura mixta. Agrega la harina alternativamente con el agua de azafrán a la mezcla cremosa y agrega la fruta. Vierta la mezcla en moldes para muffins (de papel) o en moldes para muffins engrasados y enharinados y hornee en el horno precalentado a 190°C/375°F/termostato 5 durante unos 15 minutos hasta que esté suave al tacto.

baba de ron

hacer 8

100 g/4 oz/1 taza de harina fuerte (pan)

5 ml/1 cucharadita de levadura seca, ligeramente mezclada

Una pizca de sal

45 ml/3 cucharadas de leche tibia

2 huevos, ligeramente batidos

2 oz/¼ taza/50 g de mantequilla o margarina, derretida

25 g / 1 oz / 3 cucharadas de grosellas

Para el almíbar:

250ml/8oz/1 taza de agua

75 g de azúcar granulada

20 ml/4 cucharaditas de jugo de limón

60 ml/4 cucharadas de ron

Para el helado y la decoración:

60 ml/4 cucharadas de mermelada de albaricoque (de lata), tamizada (filtrada)

15 ml/1 cucharada de agua

¼ taza/2/3 taza/150 ml de crema batida o crema espesa (espesa)

4 cerezas glaseadas (confitadas), partidas por la mitad

Unas rodajas de angélica cortadas en triángulos

Mezclar la harina, la levadura en polvo y la sal en un bol y hacer un hueco en el centro. Mezcle la leche, los huevos y la mantequilla o margarina y agregue la harina hasta que quede suave. Mezclar las grosellas. Vierte la masa en ocho moldes redondos individuales (moldes de tubo), engrasados y enharinados, de modo que solo suba un tercio de los moldes. Cubrir con film transparente engrasado (film transparente) y dejar en un lugar cálido durante 30 minutos hasta que la masa suba a la superficie de los moldes. Hornear en horno precalentado a 200°C/termostato 6 durante 15 minutos hasta que se doren. Voltee los moldes y déjelos enfriar durante 10 minutos. Luego retira los bizcochos del molde y colócalos en un plato grande y poco profundo. Pínchalas por todas partes con un tenedor.

Para hacer el almíbar, calienta el agua, el azúcar y el jugo de limón a fuego lento y revuelve hasta que el azúcar se haya disuelto. Aumentar el fuego y llevar a ebullición. Retirar del fuego y agregar el ron. Vierte el almíbar caliente sobre las galletas y déjalas en remojo durante 40 minutos.

Calienta la gelatina y el agua a fuego lento hasta que estén bien mezclados. Extienda la baba y colóquela en un plato para servir. Batir la crema batida hasta que esté firme y colocarla en el centro de cada galleta. Decorar con cerezas y angélica.

Galletas de bolas de bizcocho

hacer 24

5 yemas de huevo

75 g/3 oz/1/3 taza de azúcar glas (superfina).

7 proteínas

75 g/3 oz/¾ taza de harina de maíz (maicena)

50 g/2 oz/½ taza de harina (para todo uso)

Batir las yemas con 15 ml/1 cucharada de azúcar hasta que estén pálidas y espesas. Batir las claras a punto de nieve y añadir el resto del azúcar hasta que quede espesa y brillante. Incorpora la harina de maíz con una cuchara de metal. Con una cuchara de metal, incorpore la mitad de las yemas a las claras y luego agregue las yemas restantes. Mezclar la harina con mucho cuidado. Coloque la mezcla en una manga pastelera equipada con una boquilla (punta) estándar de 1 pulgada y forme hamburguesas redondas y bien espaciadas en un molde (pastel) engrasado y forrado. Hornee en horno precalentado a 200°C/400°F/termostato 6 durante 5 minutos,

Galletas De Azúcar De Chocolate

hacer 12

5 yemas de huevo

75 g/3 oz/1/3 taza de azúcar glas (superfina).

7 proteínas

75 g/3 oz/¾ taza de harina de maíz (maicena)

50 g/2 oz/½ taza de harina (para todo uso)

60 ml/4 cucharadas de mermelada de albaricoque (de lata), tamizada (filtrada)

30 ml/2 cucharadas de agua

1 lote de glaseado de chocolate al horno

150 ml/¼ pt/2/3 taza de crema batida

Batir las yemas con 15 ml/1 cucharada de azúcar hasta que estén pálidas y espesas. Batir las claras a punto de nieve y añadir el resto del azúcar hasta que quede espesa y brillante. Incorpora la harina de maíz con una cuchara de metal. Con una cuchara de metal, incorpore la mitad de las yemas a las claras y luego agregue las yemas restantes. Mezclar la harina con mucho cuidado. Coloque la mezcla en una manga pastelera equipada con una boquilla (punta) estándar de 1 pulgada y forme hamburguesas redondas y bien espaciadas en un molde (pastel) engrasado y forrado. Hornee en el horno precalentado a 200°C/400°F/termostato 6 durante 5 minutos, luego reduzca la temperatura del horno a 180°C/350°F/termostato 4 durante 10 minutos más hasta que esté cocido. Transferencia a una rejilla de alambre.

Hierva la mermelada y el agua hasta que espese y esté bien mezclado, luego cepille la parte superior de los pasteles. Dejar enfriar. Sumerge los champiñones en el glaseado de chocolate y déjalos enfriar. Batir la nata montada hasta que esté firme y mezclar las galletas tipo sándwich con la nata montada.

bolas de nieve de verano

hacer 24

100 g/4 oz/½ taza de mantequilla o margarina, ablandada

100 g/4 oz/½ taza de azúcar glas (superfina).

5 ml/1 cucharadita de esencia de vainilla (extracto)

2 huevos, ligeramente batidos

225 g de harina con levadura (con levadura)

120 ml/½ taza de leche

120 ml / 4 fl oz / ½ taza de crema (espesa)

25 g/3 cucharadas de azúcar glas (azúcar glas) tamizada

60 ml/4 cucharadas de mermelada de albaricoque (de lata), tamizada (filtrada)

30 ml/2 cucharadas de agua

150 g de coco seco (rallado)

Mezcle la mantequilla o margarina y el azúcar hasta que esté suave y esponjosa. Agrega poco a poco la esencia de vainilla y los huevos, luego agrega alternativamente la harina y la leche. Vierta la mezcla en moldes para muffins engrasados y hornee en el horno precalentado a 180°C/350°F/termostato 4 durante 15 minutos hasta que esté bien inflado y elástico al tacto. Transfiera a una rejilla para que se enfríe. Corta la parte superior de los muffins.

Batir la nata y el azúcar glas a punto nieve, verter un poco sobre cada muffin y tapar. Calentar la mermelada con el agua hasta que se combinen, pintar la parte superior de los muffins y espolvorear generosamente con coco.

Gotas de hongos

hacer 12

3 huevos batidos

100 g/4 oz/½ taza de azúcar glas (superfina).

2,5 ml/½ cucharadita de esencia de vainilla (extracto)

100 g/4 oz/1 taza de harina común (para todo uso)

5 ml/1 cucharada de levadura en polvo

100 g de mermelada de frambuesa (de lata)

¼ pt/2/3 taza/150 ml de crema doble (espesa), batida

Azúcar glas, tamizada, para espolvorear

Coloque los huevos, el azúcar en polvo y la esencia de vainilla en un recipiente resistente al calor sobre una cacerola con agua hirviendo y bata hasta que la mezcla espese. Retire el tazón de la sartén y mezcle la harina y el polvo para hornear. Vierta cucharadas pequeñas de la mezcla en una bandeja de horno engrasada y hornee en el horno precalentado a 190°C/termostato 5 durante 10 minutos hasta que se doren. Transfiera a una rejilla y deje enfriar. Unte las gotas con mermelada y nata y espolvoree con azúcar glas para servir.

merengue basico

Haz 6-8

2 claras de huevo

100 g/4 oz/½ taza de azúcar glas (superfina).

En un bol limpio y sin grasa, bate las claras hasta que empiecen a formar picos suaves. Agrega la mitad del azúcar y continúa batiendo hasta que la mezcla forme picos rígidos. Agrega ligeramente el azúcar restante con una cuchara de metal. Forre una bandeja para hornear con papel de hornear y coloque de 6 a 8 pilas de merengue en la bandeja para hornear. Secar los merengues lo más bajo posible en el horno durante 2-3 horas. Dejar enfriar sobre una rejilla.

merengue de almendras

hacer 12

2 claras de huevo

100 g/4 oz/½ azúcar en polvo (superfina).

100 g/4 oz/1 taza de almendras molidas

Unas gotas de esencia de almendras (extracto)

12 mitades de almendra para decorar

Batir las claras enérgicamente. Agrega la mitad del azúcar y continúa batiendo hasta que la mezcla forme picos rígidos. Agrega el resto del azúcar, las almendras molidas y la esencia de almendras. Dividir la mezcla en 12 círculos en un molde para horno engrasado y forrado y colocar media almendra en cada círculo. Hornee en horno precalentado a 130°C/termostato ½ durante 2-3 horas hasta que esté crujiente.

Galletas españolas con merengue y almendras

hacer 16

225 g/8 oz/1 taza de azúcar granulada

225 g/8 oz/2 tazas de almendras molidas

1 clara de huevo

100 g/4 oz/1 taza de almendras enteras

Batir el azúcar, las almendras molidas y las claras de huevo hasta obtener una pasta suave. Forma una bola y aplana la masa con un rodillo. Córtalo en rodajas pequeñas y colócalo en una sartén engrasada. Presione una almendra entera en el centro de cada galleta (pastel). Hornear en horno precalentado a 160°C/325°F/termostato 3 durante 15 minutos.

Cestas de merengue dulce

hacer 6

4 claras de huevo

225–250 g/11/3–1½ tazas de azúcar glas (azúcar glas), tamizada

Unas gotas de esencia de vainilla (extracto)

En un bol limpio, sin grasa y resistente al calor, bata las claras hasta que queden esponjosas y agregue poco a poco el azúcar glas, seguido de la esencia de vainilla. Coloque el recipiente sobre una cacerola con agua ligeramente hirviendo y bata hasta que el merengue mantenga su forma y deje un rastro espeso cuando se levante el batidor. Forrar una bandeja de horno (pastel) con papel de horno y dibujar seis círculos de 7,5 cm/3 sobre el papel. Coloca una capa de merengue en cada círculo usando la mitad de la mezcla de merengue. Coloca el resto en una manga pastelera y coloca dos capas de merengue alrededor del borde de cada base. Secar en horno precalentado a 150°C/300°F/termostato 2 durante unos 45 minutos.

chips de almendras

hacer 10

2 claras de huevo

100 g/4 oz/½ taza de azúcar glas (superfina).

75 g/3 oz/¾ taza de almendras molidas

25 g/1 oz/2 cucharadas de mantequilla o margarina, ablandada

1/3 taza/2 oz/50 g de azúcar glas (azúcar glas), tamizada

10 ml/2 cucharadita de cacao en polvo (chocolate sin azúcar).

50 g de chocolate negro (semidulce) derretido

Batir las claras hasta que se formen picos rígidos. Agrega poco a poco el azúcar granulada. Incorpora las almendras molidas. Usando una boquilla (punta) de ½"/1 cm, divida la mezcla en trozos de 2"/5 cm en una bandeja para hornear ligeramente engrasada. Hornee en horno precalentado a 140°C/275°F/termostato 1 durante 1 hora a 1 hora 30 minutos. Dejar enfriar.

Mezclar la mantequilla o margarina, el azúcar glas y el cacao. Sandwich unas galletas (galletas) con el relleno. Derrita el chocolate en un recipiente resistente al calor sobre una cacerola con agua hirviendo a fuego lento. Mojar las puntas de los merengues en el chocolate y dejar enfriar sobre una rejilla.

Merengue español de almendras y limón

hacer 30

150 g/5 oz/1¼ tazas de almendras blanqueadas

2 claras de huevo

Ralladura de medio limón

200 g/7 oz/lite 1 taza de azúcar granulada (superfina).

10 ml/2 cucharaditas de jugo de limón

Asar las almendras en el horno precalentado a 150°C/termostato 2 durante unos 30 minutos hasta que estén doradas y aromáticas. Picar un tercio de las nueces en trozos grandes y triturar finamente el resto.

Batir las claras enérgicamente. Agrega la ralladura de limón y dos tercios del azúcar. Agrega el jugo de limón y bate hasta que esté firme y brillante. Agrega el resto del azúcar y las almendras molidas. Incorpora las almendras picadas. Coloque los moldes de merengue en una bandeja para hornear engrasada y forrada con papel de aluminio y colóquelos en el horno precalentado. Reduzca inmediatamente la temperatura del horno a 110°C/termostato ¼ y hornee durante aproximadamente 1 hora y 30 minutos hasta que se seque.

Merengues cubiertos de chocolate

hacer 4

2 claras de huevo

100 g/4 oz/½ taza de azúcar glas (superfina).

100 g de chocolate negro (semidulce)

¼ pt/2/3 taza/150 ml de crema doble (espesa), batida

En un bol limpio y sin grasa, bate las claras hasta que empiecen a formar picos suaves. Agrega la mitad del azúcar y continúa batiendo hasta que la mezcla forme picos rígidos. Agrega ligeramente el azúcar restante con una cuchara de metal. Forre una bandeja para hornear (pastel) con papel de hornear y coloque ocho pilas de merengue en la bandeja para hornear. Secar los merengues lo más bajo posible en el horno durante 2-3 horas. Dejar enfriar sobre una rejilla.

Derrita el chocolate en un recipiente resistente al calor sobre una cacerola con agua hirviendo a fuego lento. Dejar enfriar un poco. Sumerge suavemente cuatro de los merengues en el chocolate para cubrir el exterior. Déjalo sobre papel pergamino (encerado) hasta que endurezca. Unte un merengue cubierto de chocolate y un merengue simple con crema y repita con los merengues restantes.

Merengues de chocolate y menta

hacer 18

3 claras de huevo

100 g/4 oz/½ taza de azúcar glas (superfina).

75 g/3 oz/¾ taza de menta cubierta de chocolate picada

Batir las claras enérgicamente. Agrega poco a poco el azúcar hasta que las claras estén firmes y brillantes. Vuelve la menta picada. Colocar cucharadas pequeñas de la mezcla en una bandeja de horno engrasada y forrada y hornear en horno precalentado a 140°C/termostato 1 durante 1½ horas hasta que se seque.

Chips de chocolate y merengues de nueces

hacer 12

2 claras de huevo

175 g de azúcar glas (superfino).

50 g/2 oz/½ taza de chispas de chocolate

1 oz/¼ taza de nueces picadas

Precalienta el horno a 190°C/375°F/termostato 5. Bate las claras hasta que formen picos suaves. Agrega poco a poco el azúcar y bate hasta que la mezcla forme picos rígidos. Mezclar chispas de chocolate y nueces. Vierta cucharadas de la mezcla sobre papel de horno y colóquelas en el horno. Apagar el horno y dejar enfriar.

merengue de avellanas

hacer 12

100 g/4 oz/1 taza de avellanas

2 claras de huevo

100 g/4 oz/½ taza de azúcar glas (superfina).

Unas gotas de esencia de vainilla (extracto)

Reserva 12 nueces para decorar y tritura el resto. Batir las claras enérgicamente. Agrega la mitad del azúcar y continúa batiendo hasta que la mezcla forme picos rígidos. Agrega el resto del azúcar, la avellana en polvo y la esencia de vainilla. Divida la mezcla en 12 círculos en un molde para hornear (pastel) engrasado y forrado y coloque una nuez reservada en cada círculo. Hornee en horno precalentado a 130°C/termostato ½ durante 2-3 horas hasta que esté crujiente.

Pastel de capas de merengue de nueces

Hornear un pastel de 23 cm

Para el pastel:

2 oz/¼ taza/50 g de mantequilla o margarina, ablandada

150 g/5 oz/2/3 taza de azúcar granulada (superfina).

4 huevos, separados

100 g/4 oz/1 taza de harina común (para todo uso)

10 ml / 2 cucharadas de levadura en polvo

Una pizca de sal

60 ml/4 cucharadas de leche

5 ml/1 cucharadita de esencia de vainilla (extracto)

2 oz/½ taza/50 g de nueces pecanas, picadas

Para la crema pastelera:

250 ml/8 oz/1 taza de leche

50 g/2 oz/¼ taza de azúcar granulada (superfina).

50 g/2 oz/½ taza de harina (para todo uso)

1 huevo

Una pizca de sal

120 ml / 4 fl oz / ½ taza de crema (espesa)

Para hacer el bizcocho, bate la mantequilla o margarina con 100 g de azúcar hasta que quede suave y esponjoso. Agrega las yemas de huevo poco a poco y luego agrega la harina, el polvo para hornear y la sal, alternando con la leche y la esencia de vainilla. Verter la mezcla en dos moldes (moldes) engrasados y forrados de 23 cm de diámetro y alisar la superficie. Batir las claras a punto de nieve, incorporar el azúcar restante y volver a batir hasta que estén firmes y brillantes. Divida la mezcla del bizcocho encima y espolvoree con nueces. Hornear en horno precalentado a 150°C/termostato 3 durante 45 minutos hasta que el merengue esté seco. Transfiera a una rejilla para que se enfríe.

Para la crema pastelera, mezcla un poco de la leche con el azúcar y la harina. Llevar a ebullición el resto de la leche en una cacerola, verter la mezcla de azúcar encima y batir hasta que se combinen. Vierta la leche nuevamente en la cacerola lavada y llévela a ebullición, revolviendo constantemente, y cocine, revolviendo, hasta que espese. Retirar del fuego, mezclar el huevo y la sal y dejar enfriar un poco. Batir la nata montada hasta que esté firme y luego incorporarla a la mezcla. Dejar enfriar. Cubrir las tartas con la crema pastelera.

Lonchas de macarrones con avellanas

hacer 20

175 g/6 oz/1½ taza de avellanas sin cáscara

3 claras de huevo

225 g/8 oz/1 taza de azúcar glas (superfina).

5 ml/1 cucharadita de esencia de vainilla (extracto)

5 ml/1 cucharadita de canela molida

5 ml/1 cucharada de piel de limón rallada

papel de arroz

Pique en trozos grandes 12 de las avellanas y mezcle el resto hasta que estén finamente molidas. Batir las claras hasta que estén suaves y esponjosas. Agrega poco a poco el azúcar y continúa batiendo hasta que la mezcla forme picos rígidos. Agrega las avellanas, la esencia de vainilla, la canela y la ralladura de limón. Coloque cucharaditas colmadas en una bandeja para hornear forrada con papel de arroz (pastel) y aplánelas en tiras finas. Dejar actuar durante 1 hora. Hornee en horno precalentado a 180°C/350°F/termostato 4 durante 12 minutos hasta que esté firme al tacto.

Capa de merengue y nueces

Hornear un molde para pastel de 25 cm

100 g/4 oz/½ taza de mantequilla o margarina, ablandada

400 g de azúcar granulada (superfina).

3 yemas de huevo

100 g/4 oz/1 taza de harina común (para todo uso)

10 ml / 2 cucharadas de levadura en polvo

120 ml/½ taza de leche

100 gramos de nueces

4 claras de huevo

8 onzas líquidas / 1 taza de crema doble (espesa)

5 ml/1 cucharadita de esencia de vainilla (extracto)

Cacao en polvo (chocolate sin azúcar) para espolvorear

Batir la mantequilla o margarina y 75 g de azúcar hasta que esté suave y esponjosa. Agregamos las yemas poco a poco y luego añadimos la harina y la levadura alternando con la leche. Dividir la masa en dos moldes de 25 cm/10 engrasados y enharinados. Reserva unas mitades de nueces para decorar, pica el resto y espolvorea sobre las galletas. Batir las claras hasta que estén firmes, luego agregar el azúcar restante y volver a batir hasta que estén espesas y brillantes. Repartir las tartas por encima y hornear en horno precalentado a 180°C/termostato 4 durante 25 minutos. Cubrir el bizcocho con papel de horno hacia el final de la cocción (si el merengue empieza a dorarse también). Dejar enfriar en los moldes

Mezclar la nata y el extracto de vainilla hasta que esté firme. Unte los pasteles, con el merengue hacia arriba, con la mitad de la crema y esparza el resto por encima. Decorar con las nueces reservadas y espolvorear con cacao tamizado.

montañas de merengue

hacer 6

2 claras de huevo

100 g/4 oz/½ taza de azúcar glas (superfina).

¼ pt/2/3 taza/150 ml de nata para montar (espesa).

350 g de fresas en rodajas

25 g de chocolate negro (semidulce) rallado

Batir las claras enérgicamente. Agrega la mitad del azúcar y bate hasta que esté espeso y brillante. Incorpora el azúcar restante. Extienda seis círculos de merengue sobre papel de horno en una fuente. Hornear en horno precalentado a 140°C/termostato 1 durante 45 minutos hasta que estén ligeramente dorados y crujientes. El interior queda bastante blando. Retirar de la sartén y dejar enfriar sobre una rejilla.

Batir la nata hasta que esté firme. Pipetear o verter la mitad de la nata sobre los círculos de merengue, decorar con fruta y luego decorar con el resto de la nata. Espolvorea chocolate rallado por encima.

Merengue con crema de frambuesa

Para 6 personas

2 claras de huevo

100 g/4 oz/½ taza de azúcar glas (superfina).

¼ pt/2/3 taza/150 ml de nata para montar (espesa).

30 ml/2 cucharadas de azúcar glas (repostería).

225 g de frambuesas

En un bol limpio y sin grasa, bate las claras hasta que empiecen a formar picos suaves. Agrega la mitad del azúcar y continúa batiendo hasta que la mezcla forme picos rígidos. Agrega ligeramente el azúcar restante con una cuchara de metal. Forre una bandeja para hornear con papel de hornear y extienda pequeñas porciones de merengue en la bandeja para hornear. Secar los merengues en el horno durante 2 horas, lo más bajo posible. Dejar enfriar sobre una rejilla.

Batir la nata montada con el azúcar glas hasta que esté firme y añadir las frambuesas. Úselo para apilar pares de merengues y colóquelos en una fuente para servir.

galletas de ratafía

hacer 16

3 claras de huevo

100 g/4 oz/1 taza de almendras molidas

225 g/8 oz/1 taza de azúcar glas (superfina).

Batir las claras enérgicamente. Agrega las almendras y la mitad del azúcar y vuelve a batir hasta que esté firme. Incorpora el azúcar restante. Coloque las rodajas pequeñas en una bandeja de horno engrasada y forrada y hornee en el horno precalentado a 150°C/termostato 2 durante 50 minutos hasta que estén secas y crujientes en los bordes.

caramelo vacherin

Hornear un pastel de 23 cm

4 claras de huevo

225 g/8 oz/1 taza de azúcar moreno dulce

50 g de avellanas picadas

½ pt/1¼ tazas/300 ml de nata (espesa)

Unas cuantas avellanas enteras para decorar

Batir las claras hasta que formen picos suaves. Incorpora poco a poco el azúcar hasta que esté firme y brillante. Coloque el merengue en una manga pastelera con una boquilla (punta) estándar de 1 cm y divida dos espirales de merengue de 23 cm en un molde para hornear (pastel) engrasado y forrado con papel de hornear. Espolvorear con 15 ml/1 cucharada de nueces picadas y hornear en horno precalentado a 120°C/termostato ½ durante 2 horas hasta que esté crujiente. Transfiera a una rejilla para que se enfríe.

Batir la crema batida hasta que esté firme y luego agregar las nueces restantes. Utiliza la mayor parte de la nata para montar las bases de merengue, luego decora con el resto de la nata y decora con avellanas enteras.

Sándwiches simples

hacer 10

225 g/8 oz/2 tazas de harina común (para todo uso)

Una pizca de sal

2,5 ml/½ cucharadita de bicarbonato de sodio (levadura en polvo)

5 ml/1 cucharada de crémor tártaro

2 oz/50 g/¼ taza de mantequilla o margarina, cortada en cubos

30 ml/2 cucharadas de leche

30 ml/2 cucharadas de agua

Mezclar la harina, la sal, el bicarbonato de sodio y el crémor tártaro. Untar con mantequilla o margarina. Agrega lentamente la leche y el agua hasta que se forme una masa suave. Amasar rápidamente sobre una superficie enharinada hasta que quede suave, luego extender hasta obtener un grosor de 1½ cm y cortar en rodajas de 5 cm/2 con un cortador de galletas. Coloque los bollos (galletas) en una bandeja de horno engrasada y hornee en el horno precalentado a 230°C/termostato 8 durante unos 10 minutos hasta que estén bien inflados y dorados.

www.ingramcontent.com/pod-product-compliance
Lightning Source LLC
Chambersburg PA
CBHW071823110526
44591CB00011B/1197